THIS BOOK BELONGS TO

_____

_____

_____

SHAPES

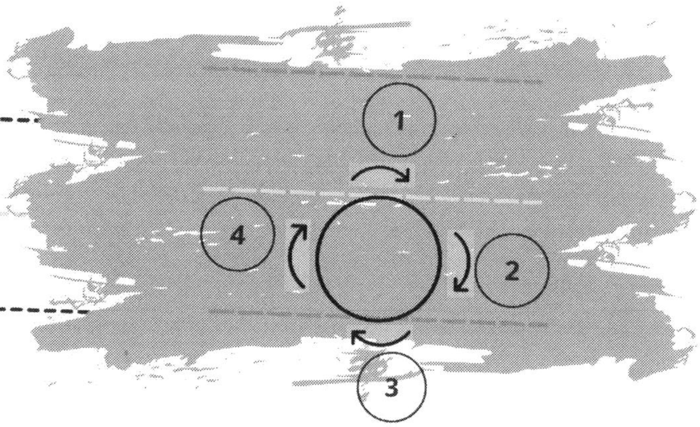
1
2
3
4

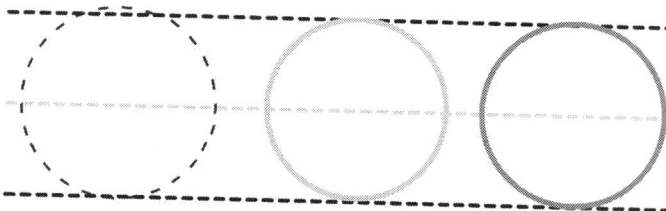
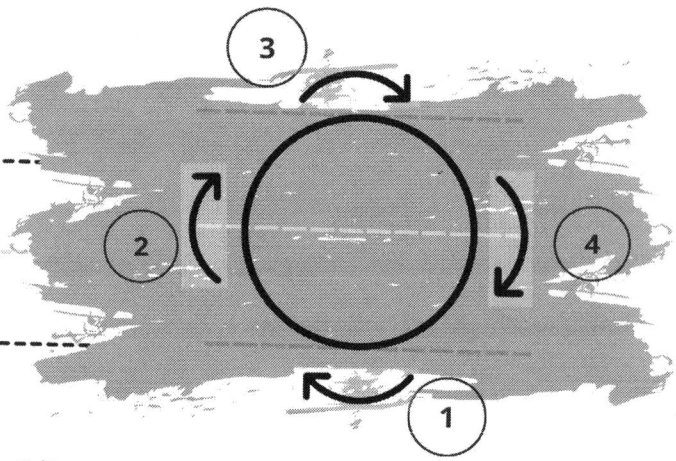
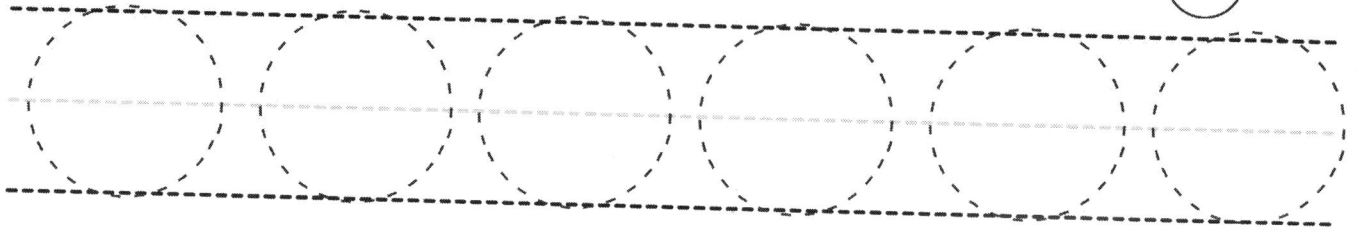
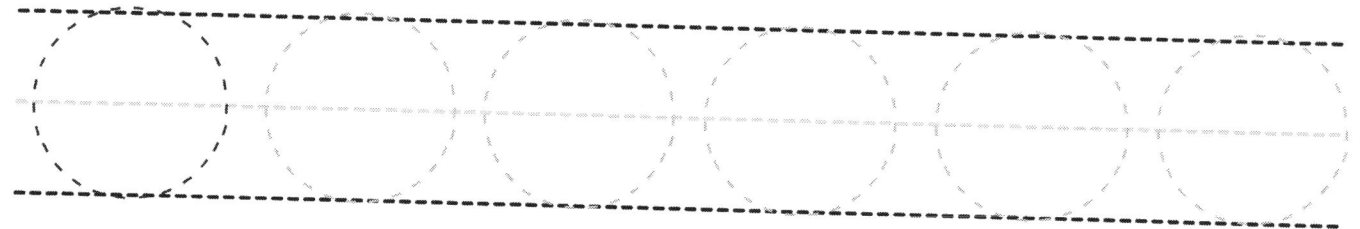
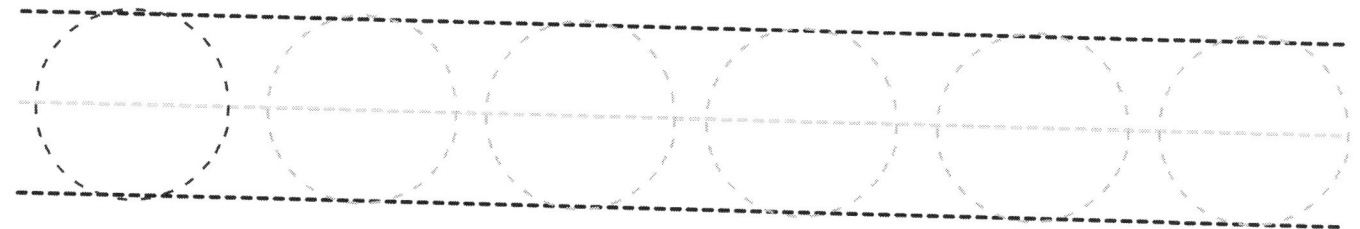

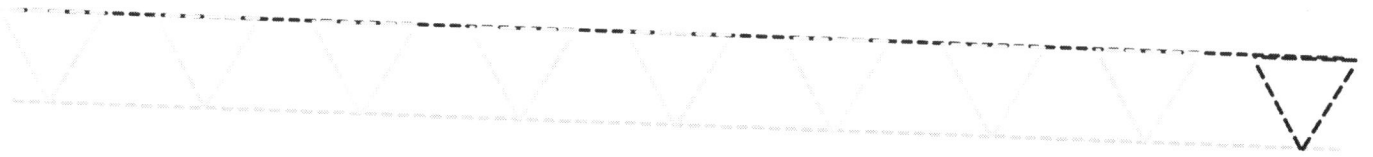

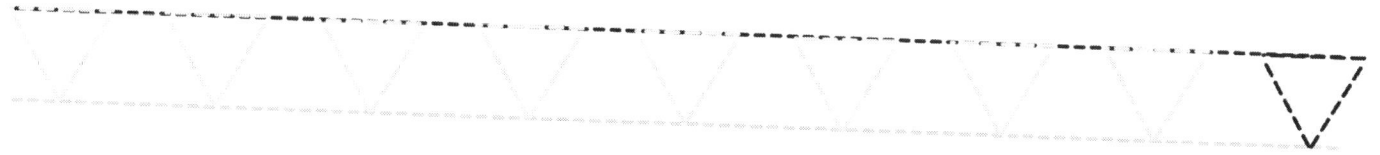

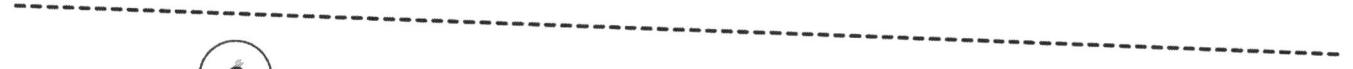

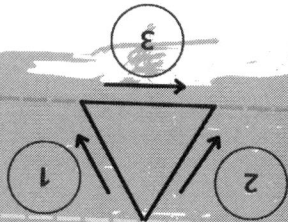

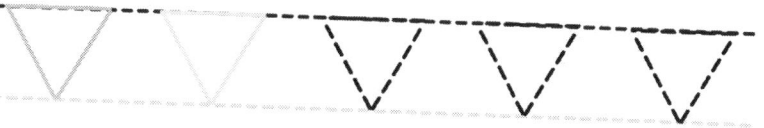

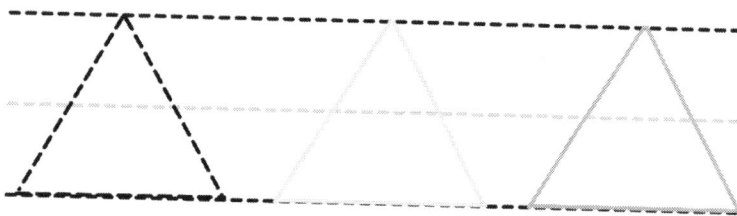

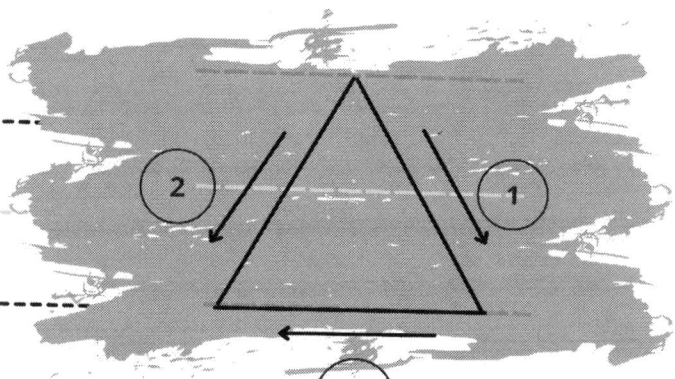

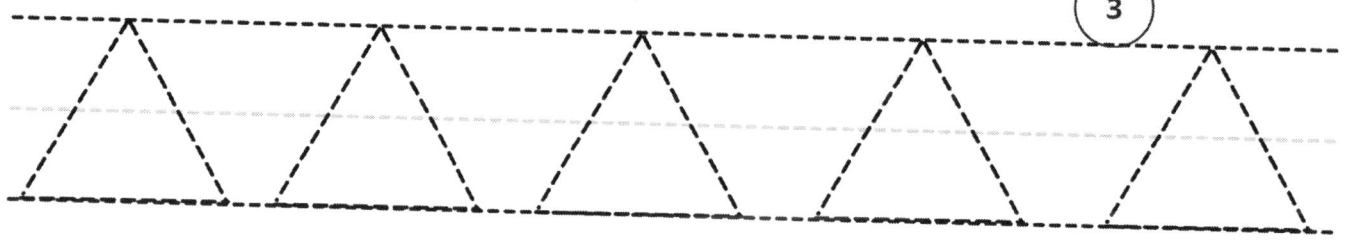

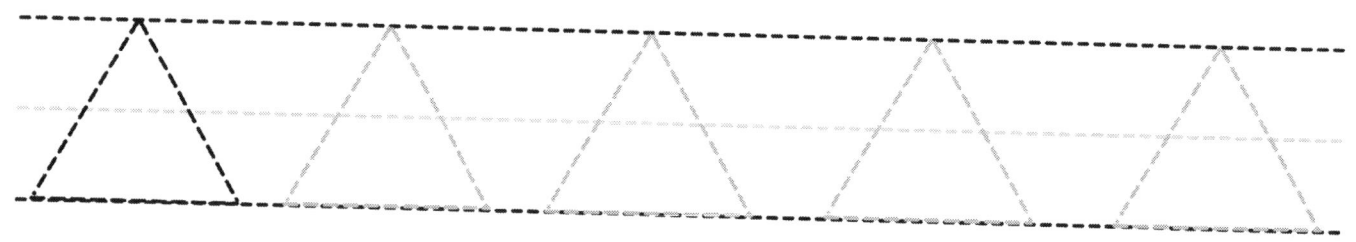

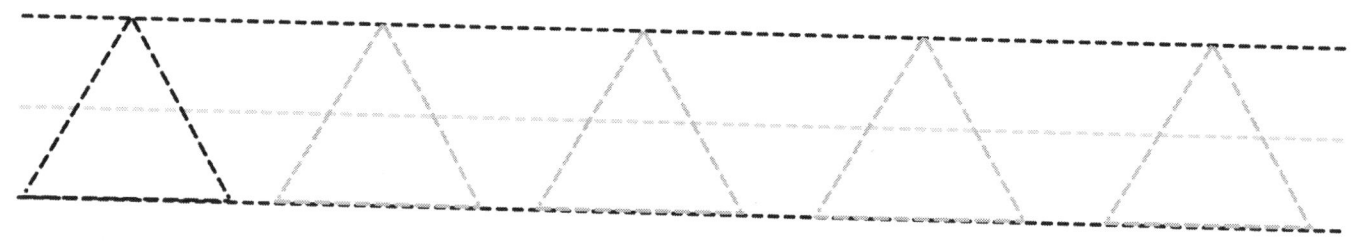

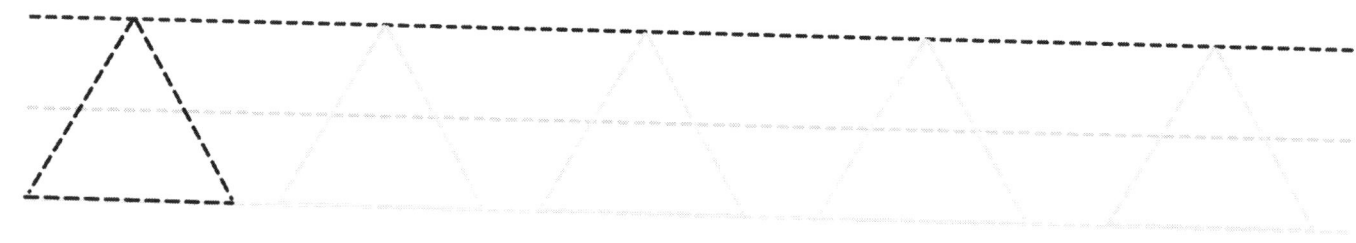

1   2   3   4

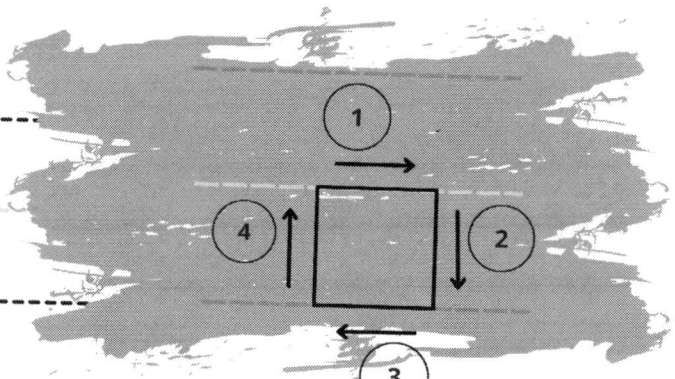

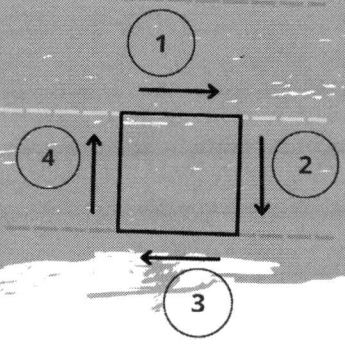

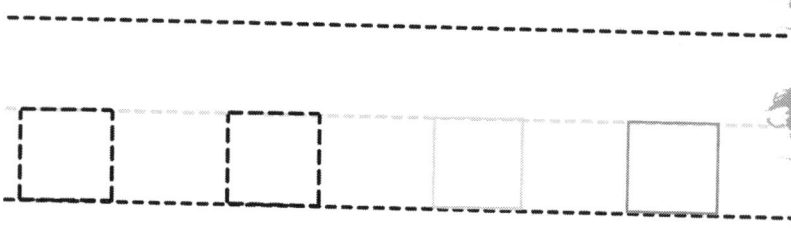

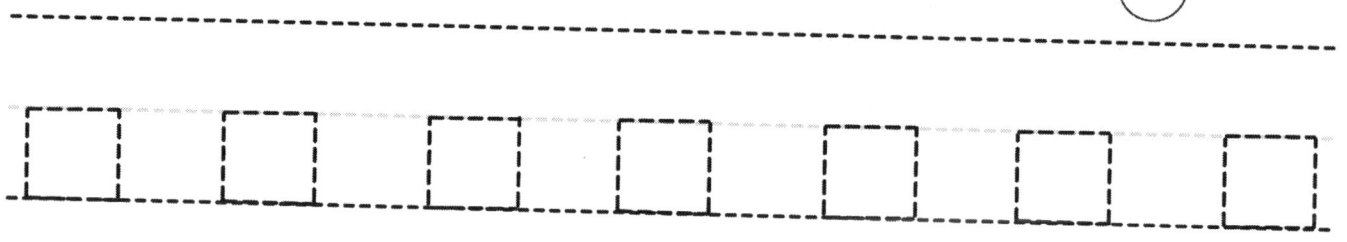

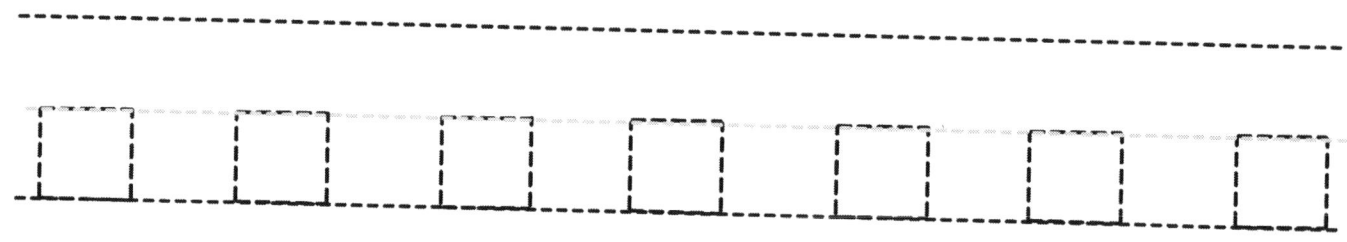

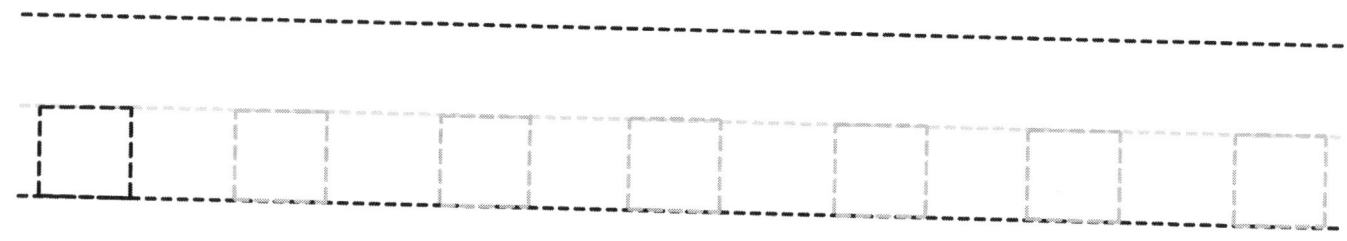

A

is for apple

A A A A A A A

a a a a a a

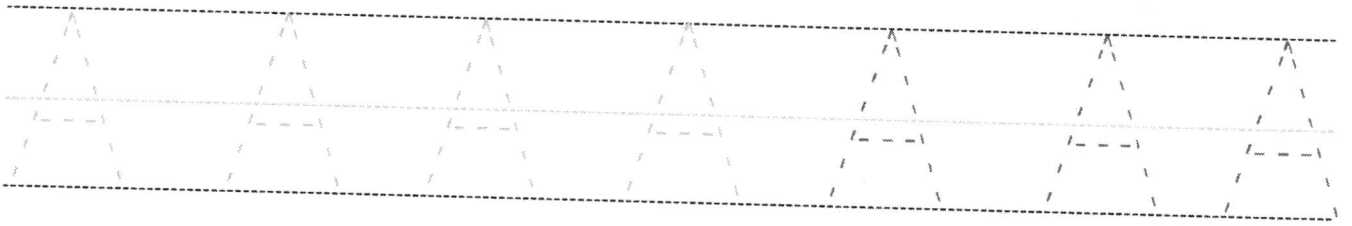

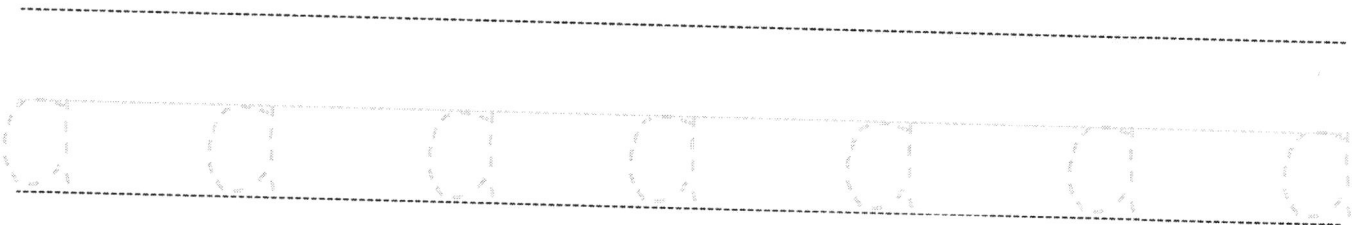

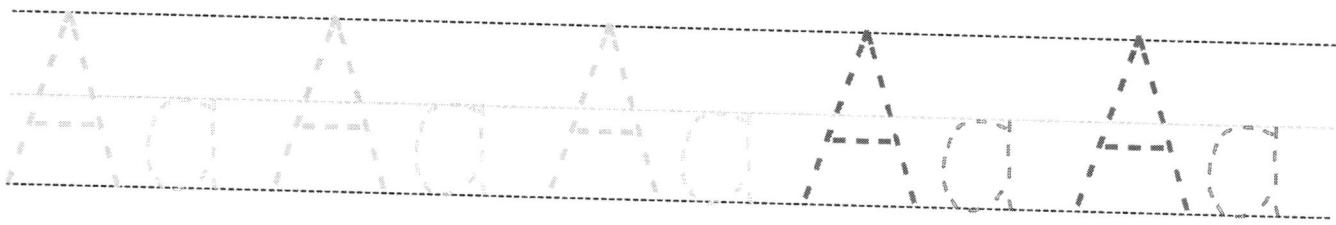

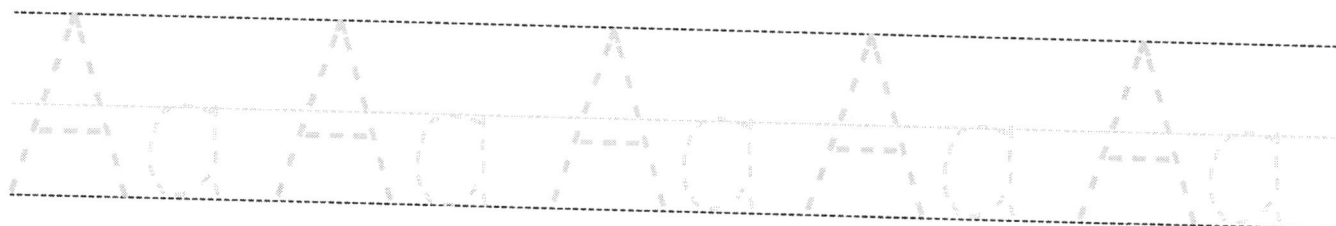

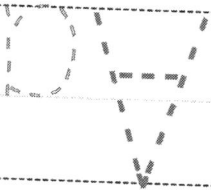

B

is for banana

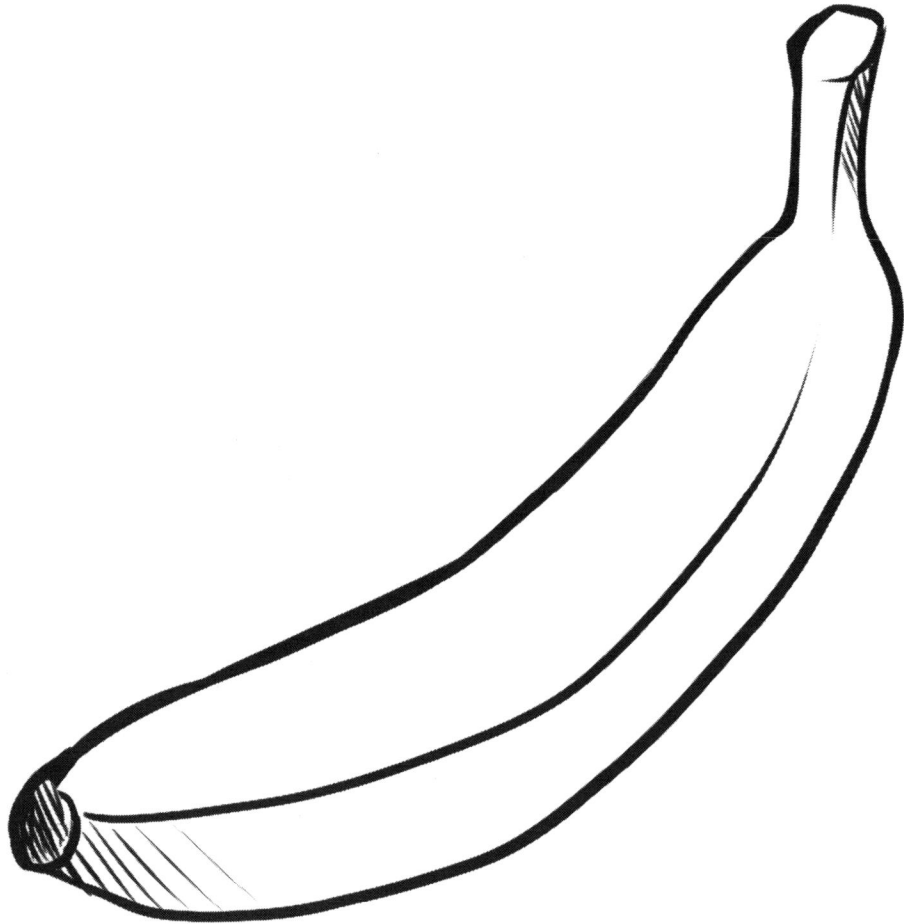

BBB B B

b b b b b

B B B B B B B

B B B B B B B

b b b b b b b

b b b b b b b

Bb Bb Bb Bb Bb

Bb Bb Bb Bb Bb

c

is for cat

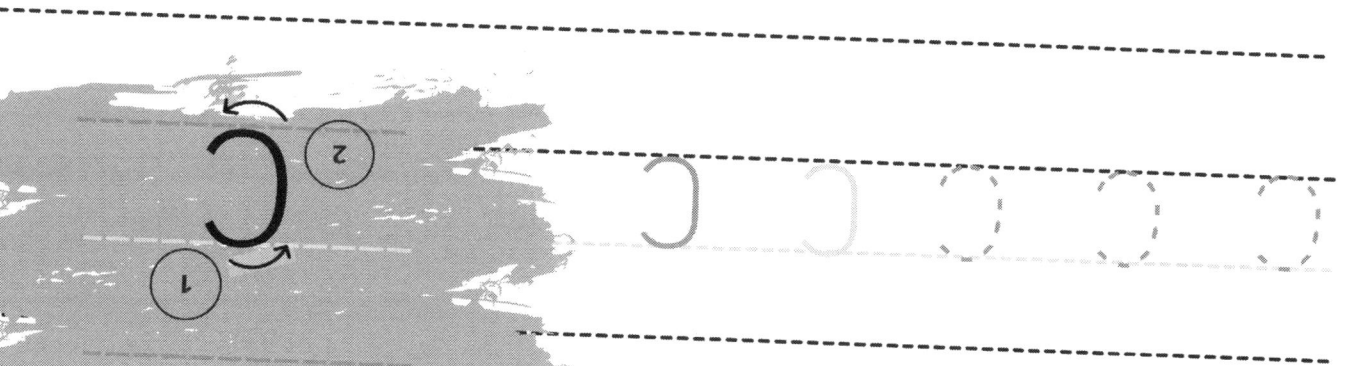

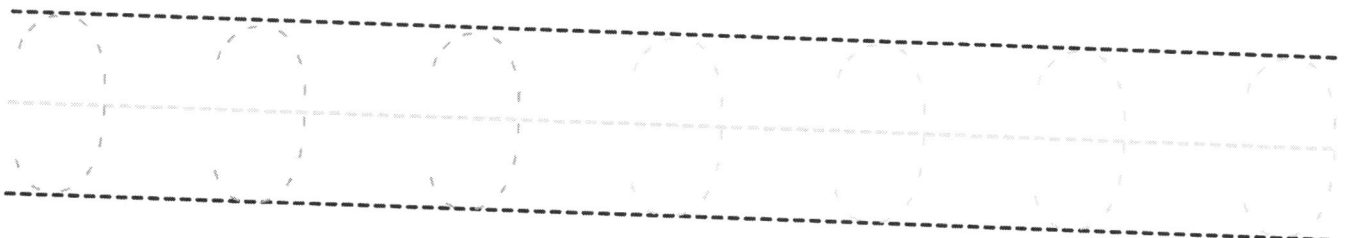

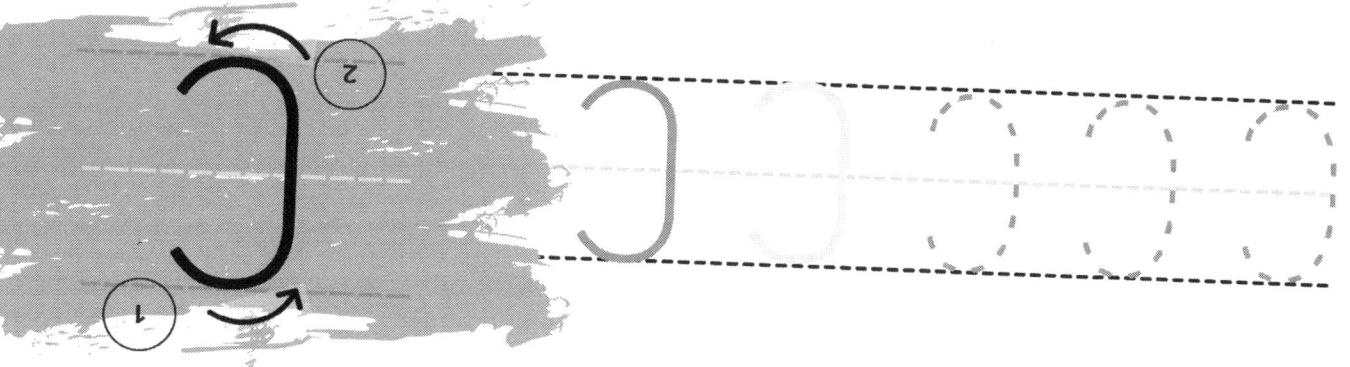

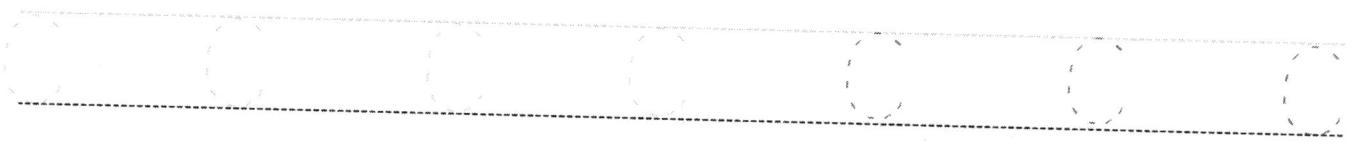

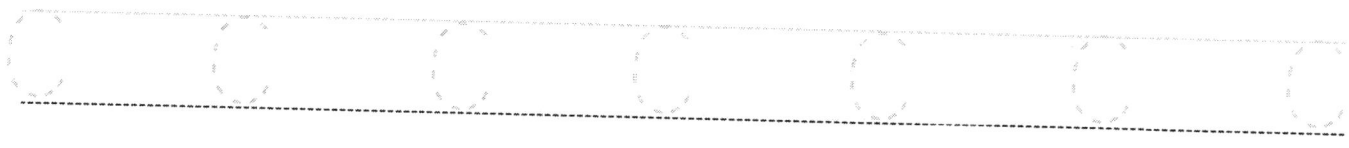

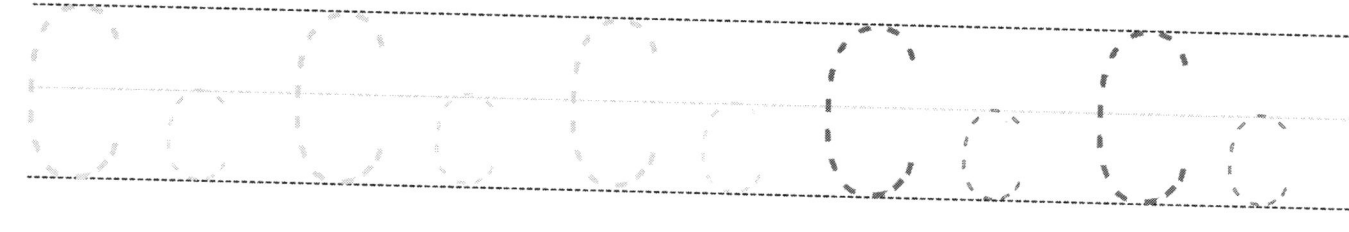

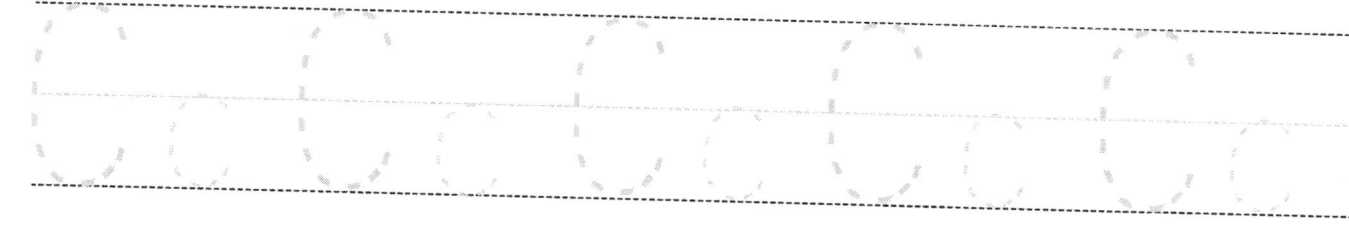

D

is for dog

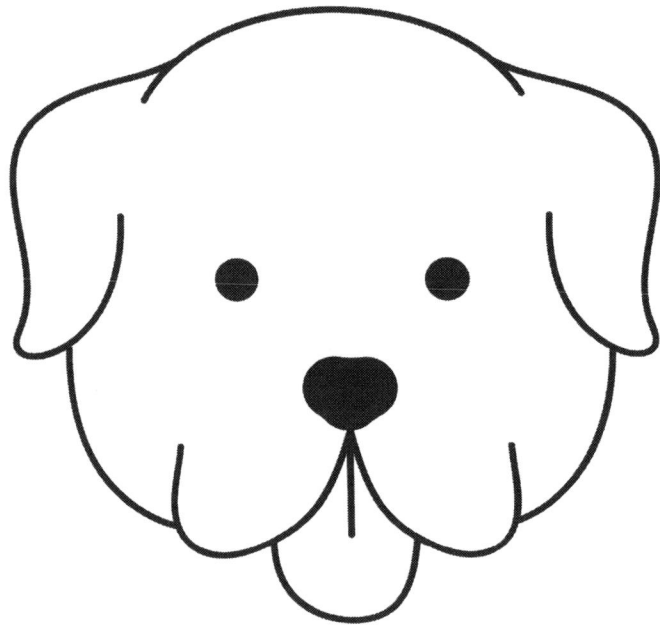

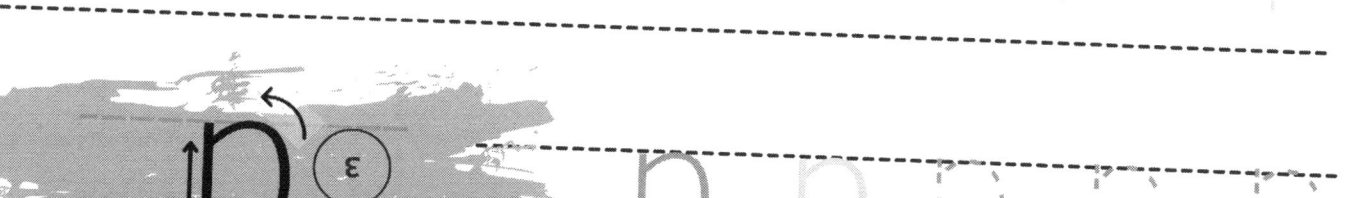

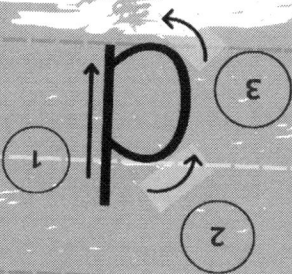
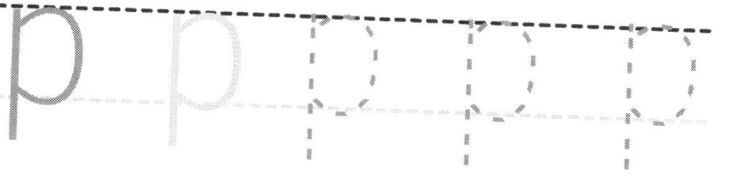

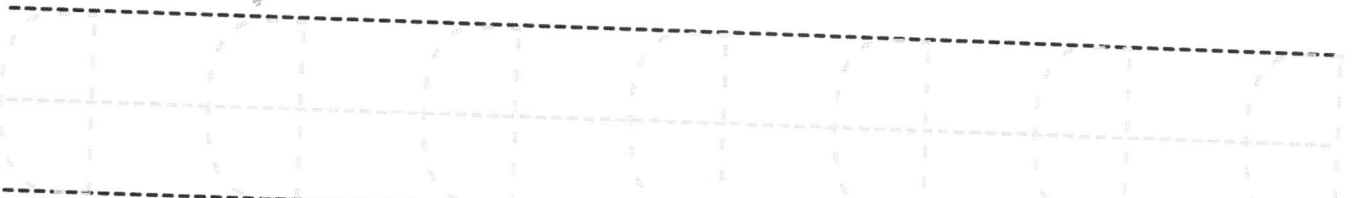

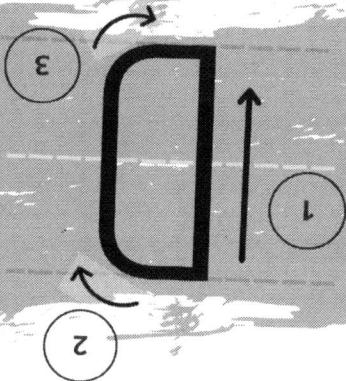
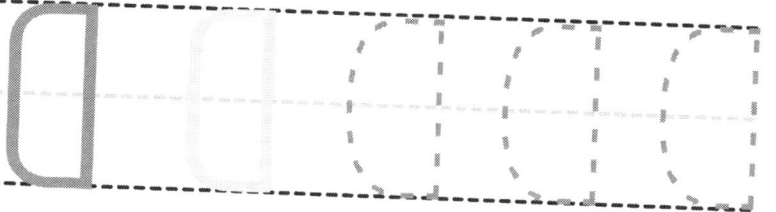

E

is for elephant

E E E E E

e e e e e

2 1 3

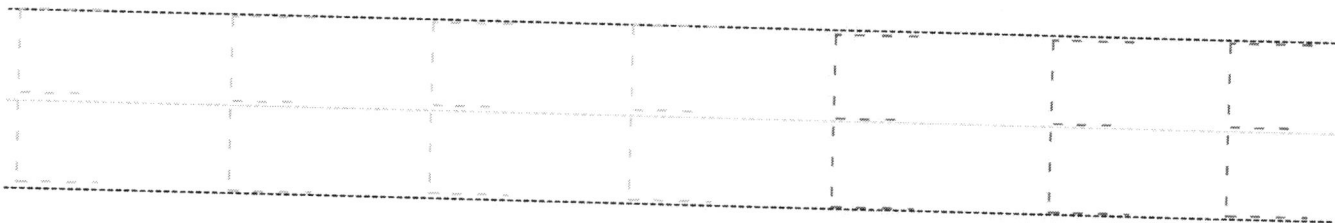

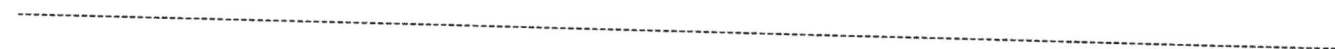

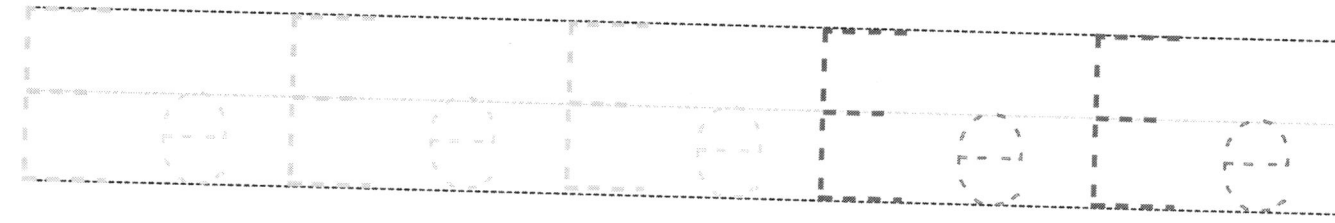

F

is for frog

F F F F

f f f f f

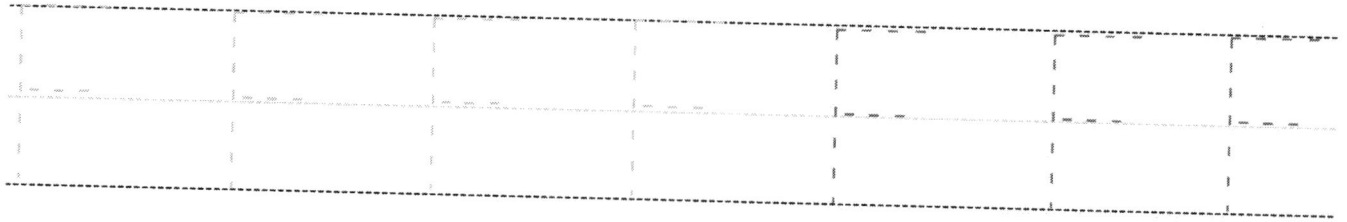

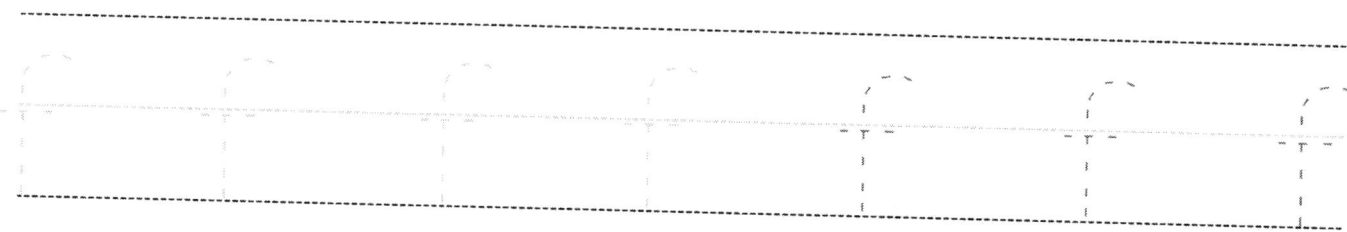

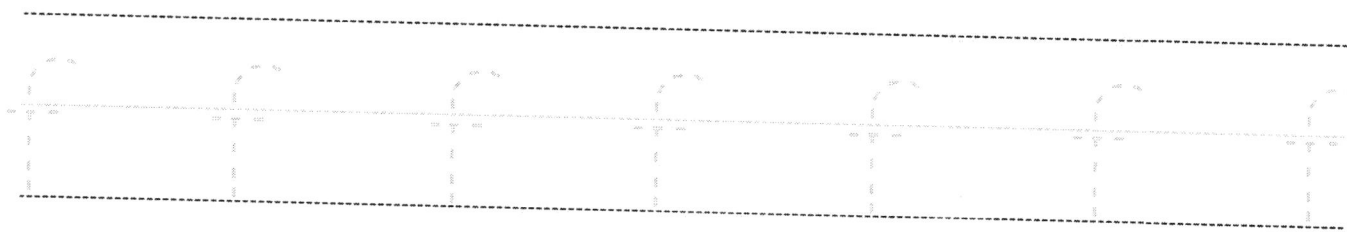

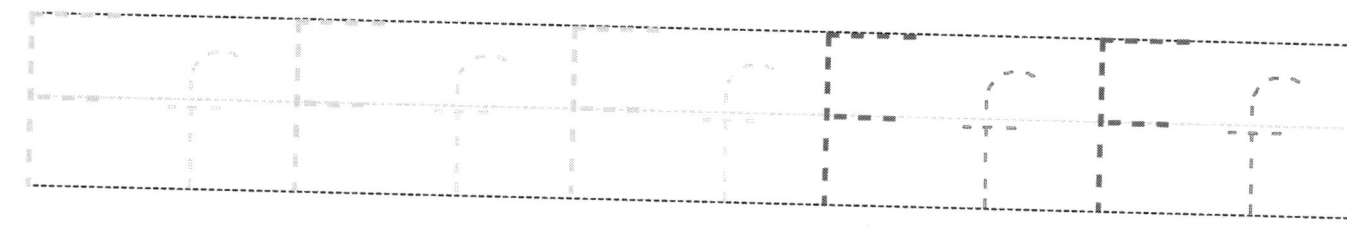

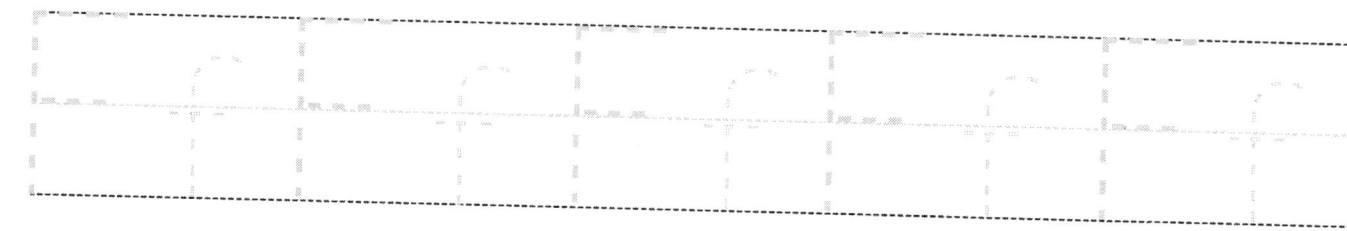

G

is for goat

G G G G G G

g g g g g g

H

is for horse

H

h

Hh Hh Hh

I

is for iguana

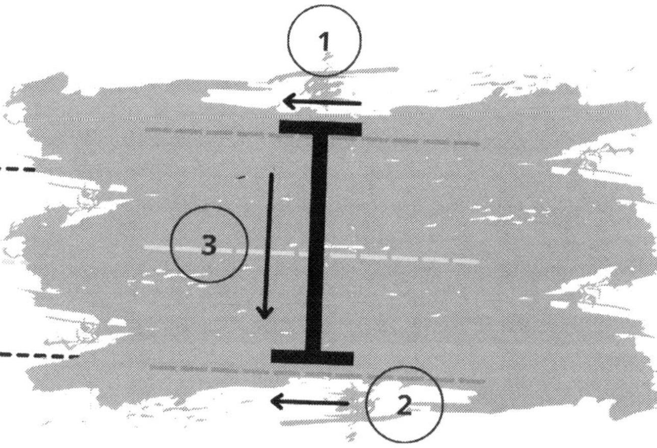
1
3
2

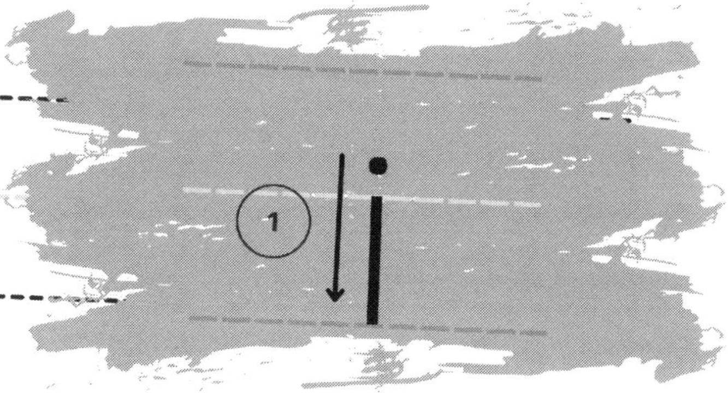
1

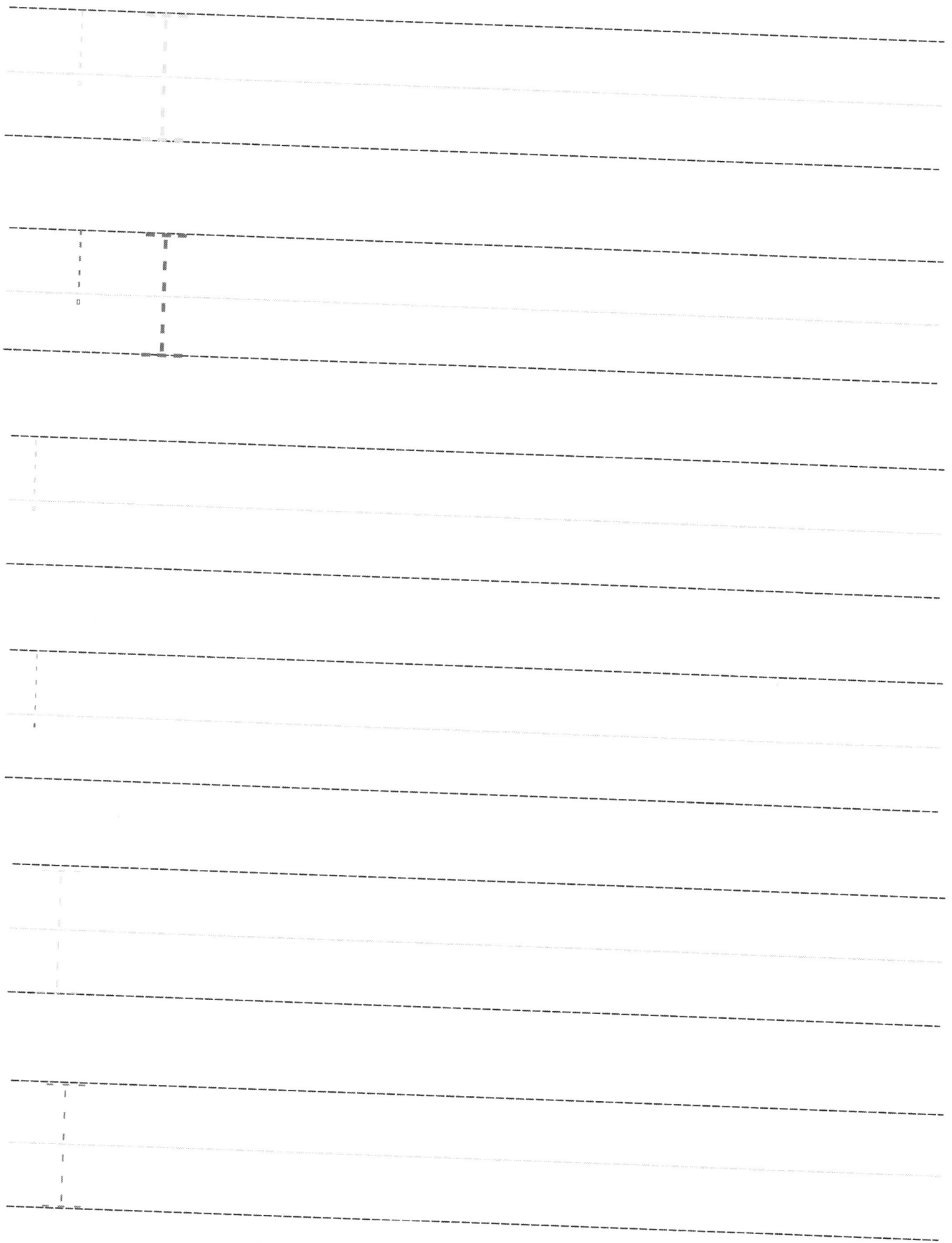

J

is for jaguar

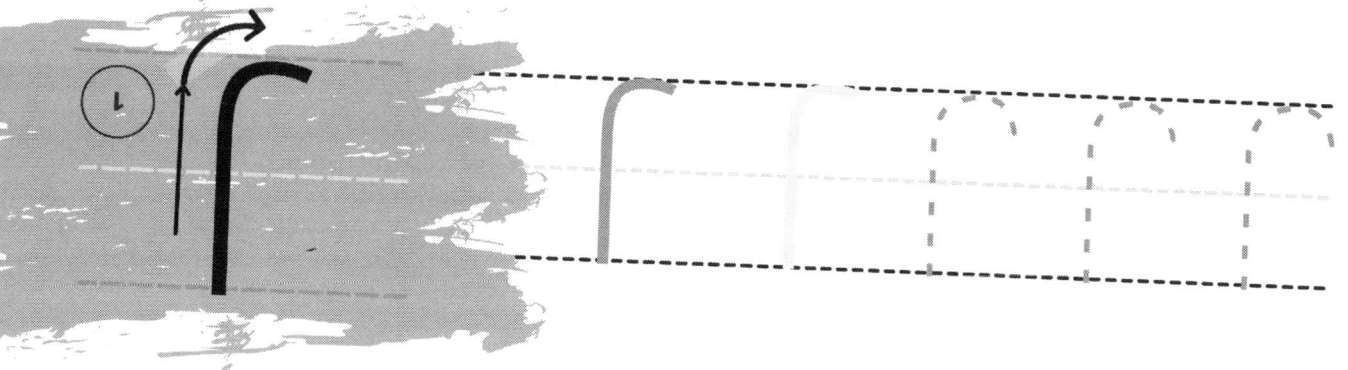

K

is for kangaroo

K K K K K

k k k k k

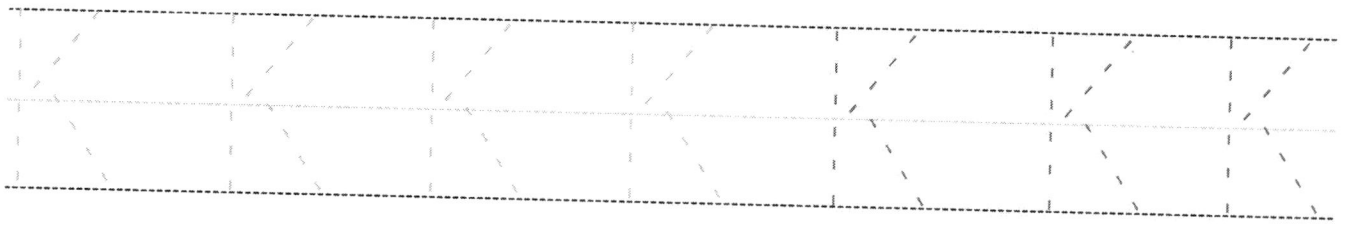

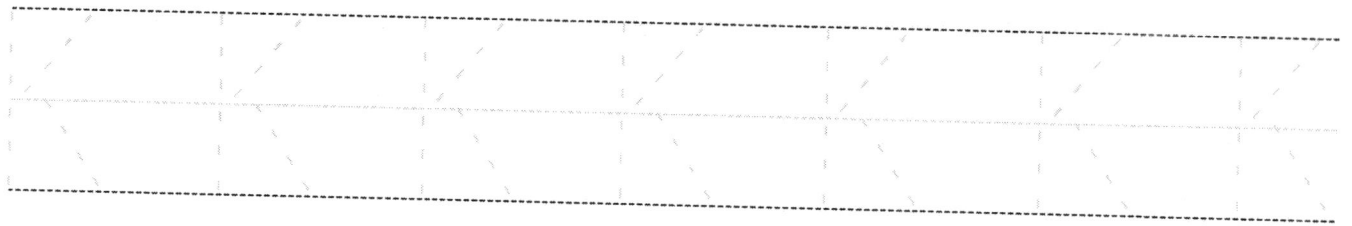

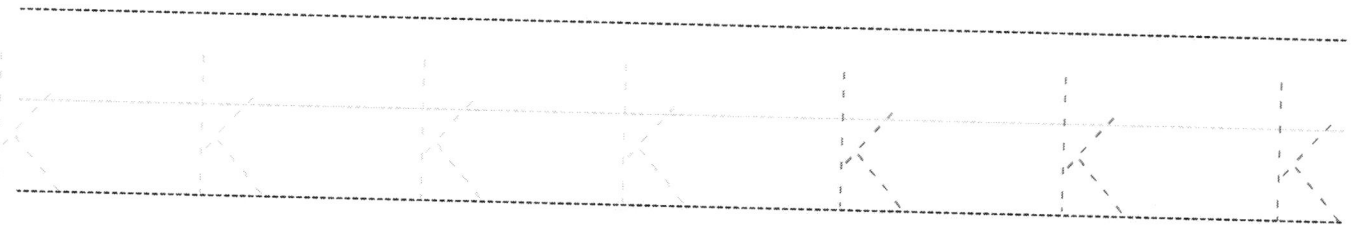

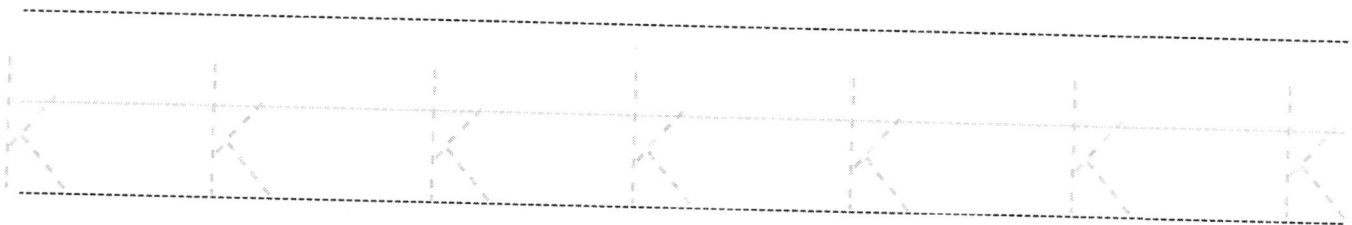

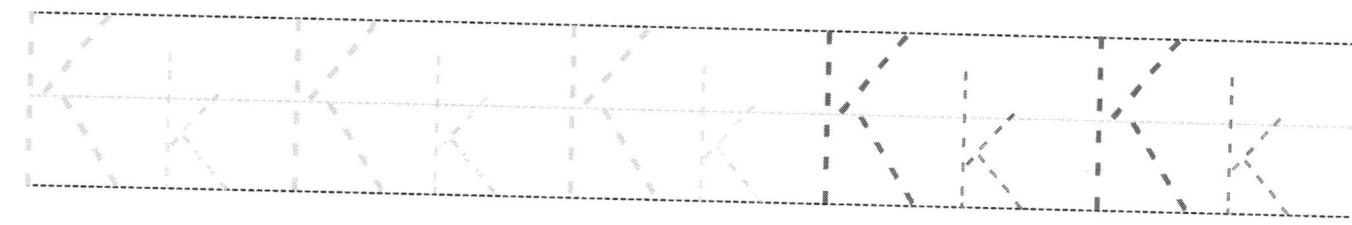

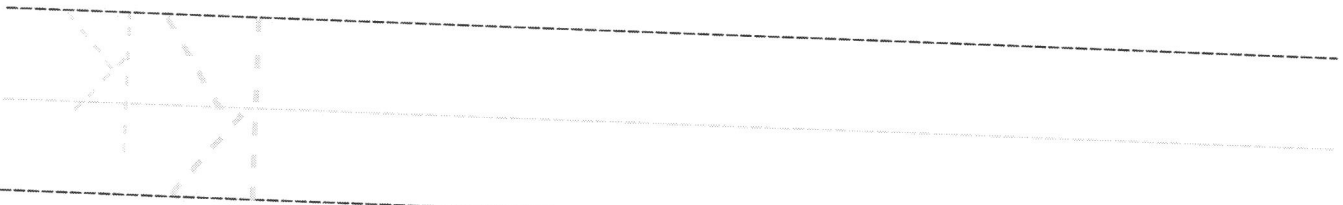

L

is for lizard

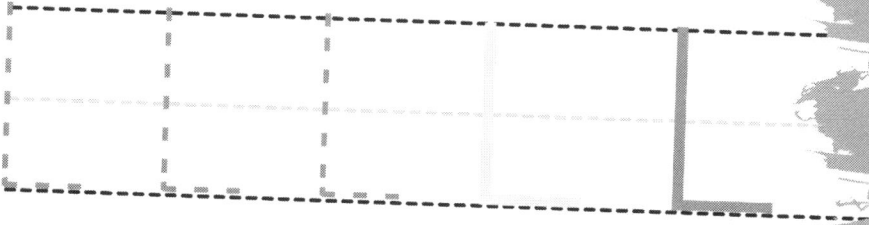

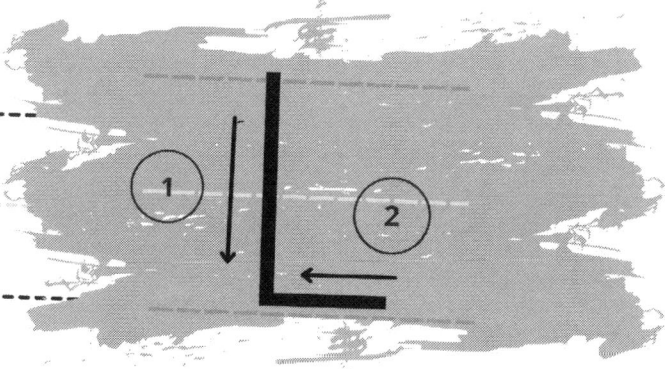

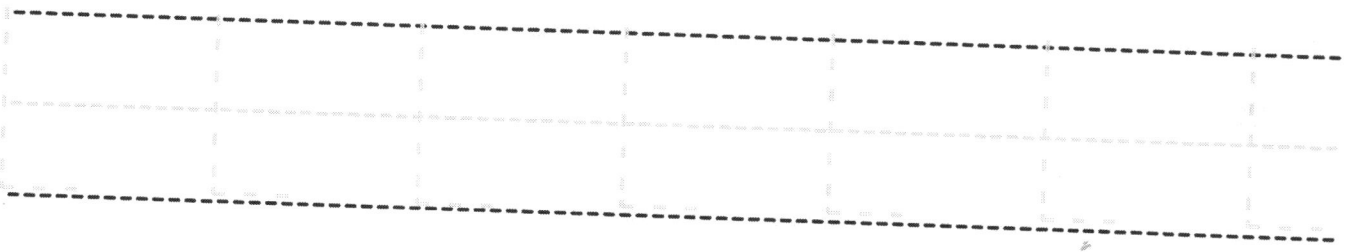

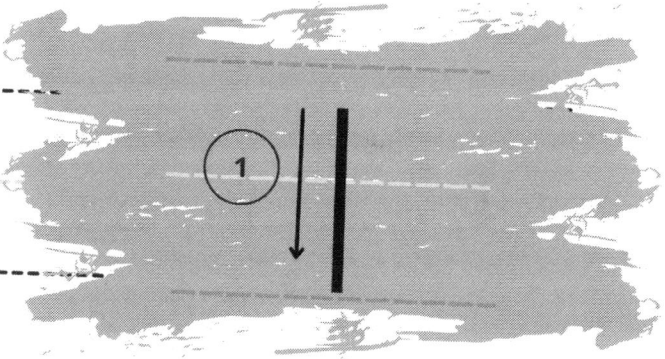

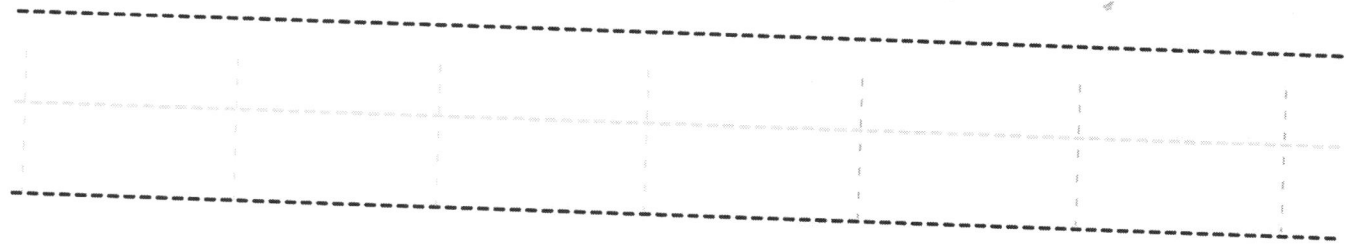

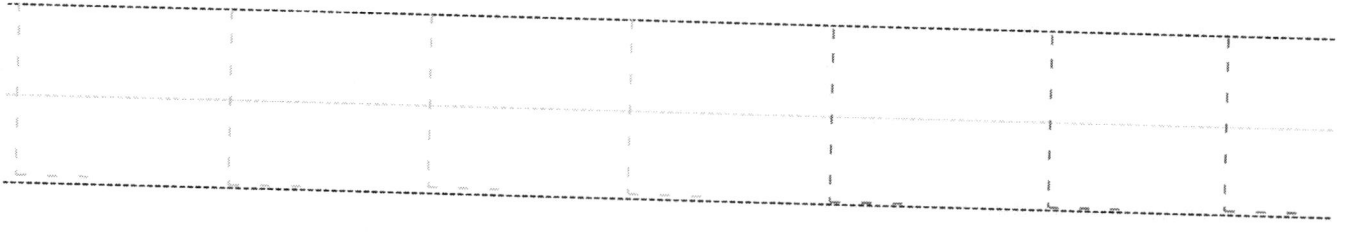

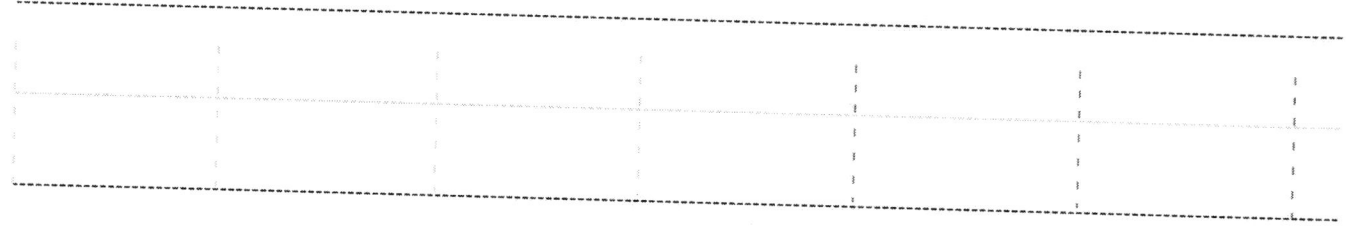

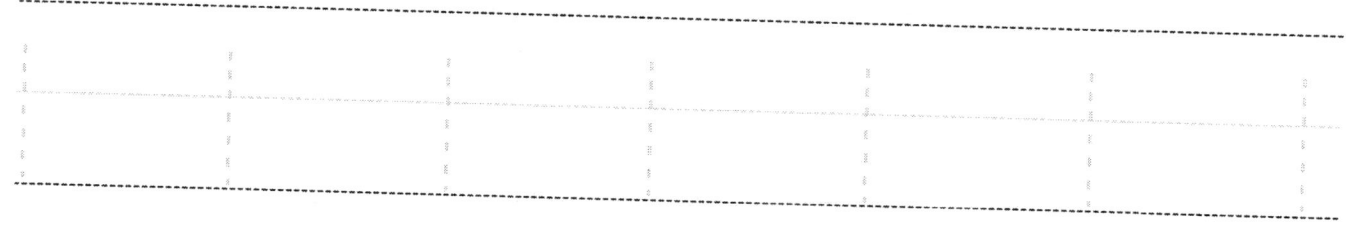

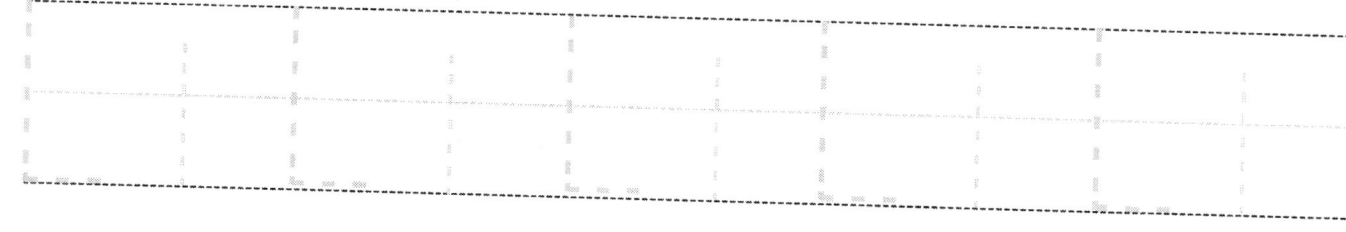

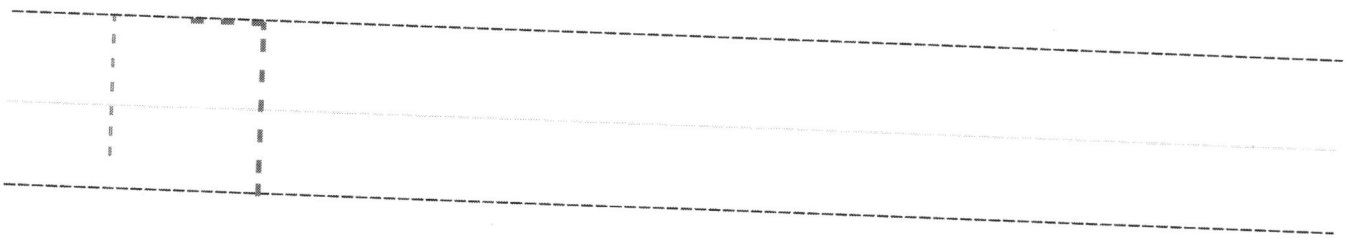

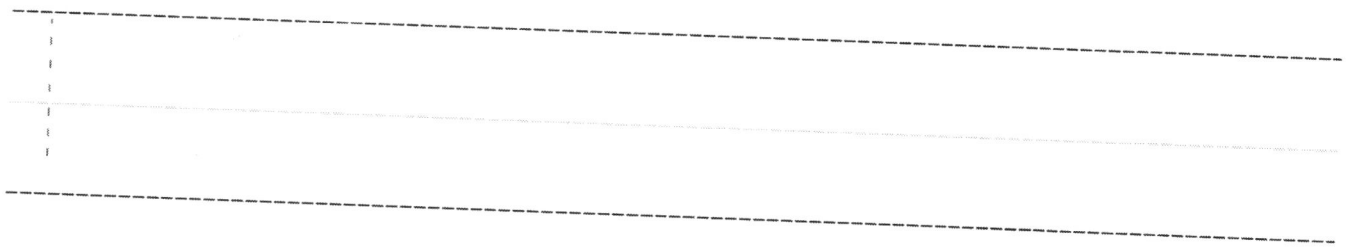

M

is for mandarin

M M M M M M M M M

m m m m m m m

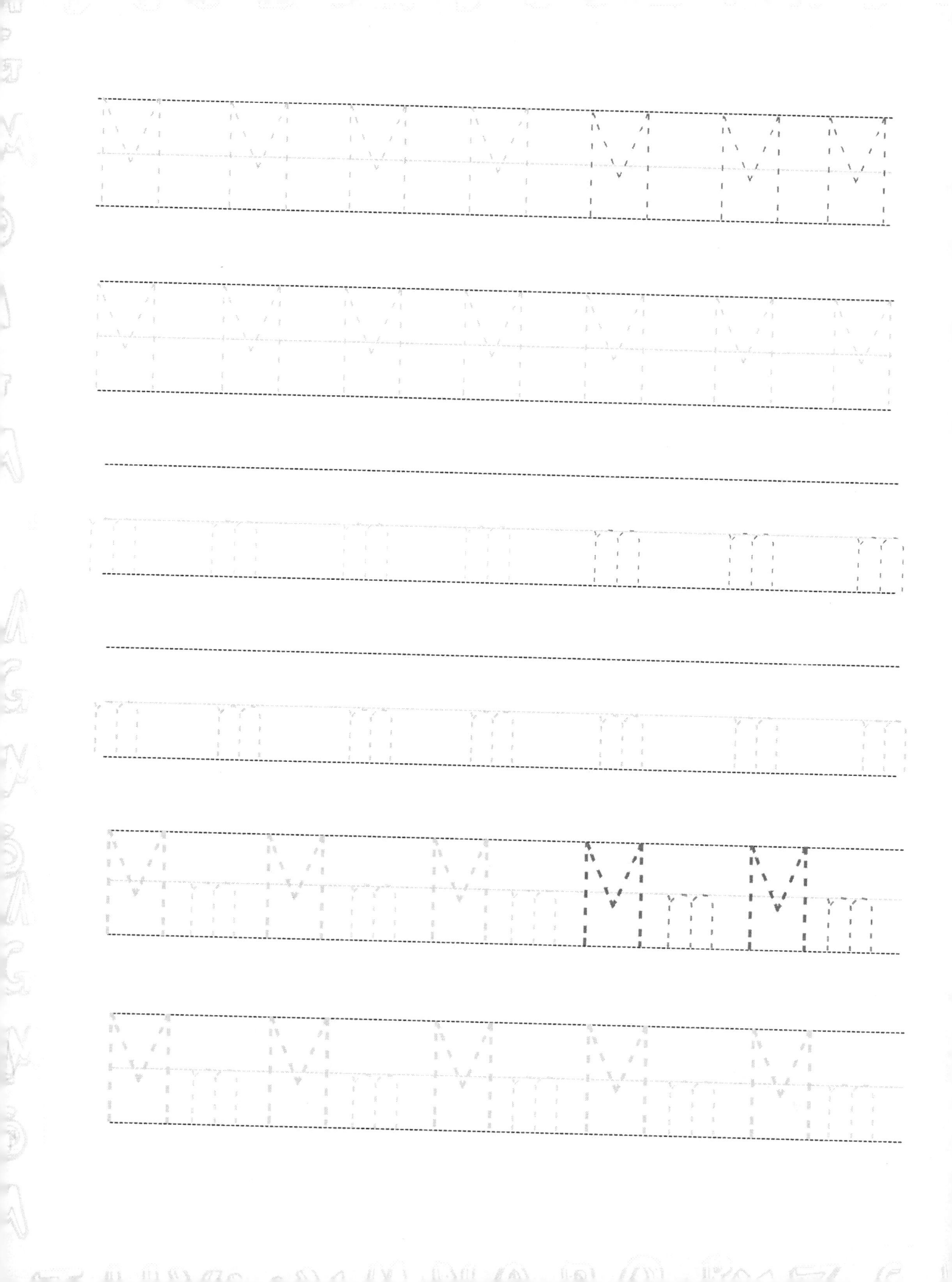

N

is for nature

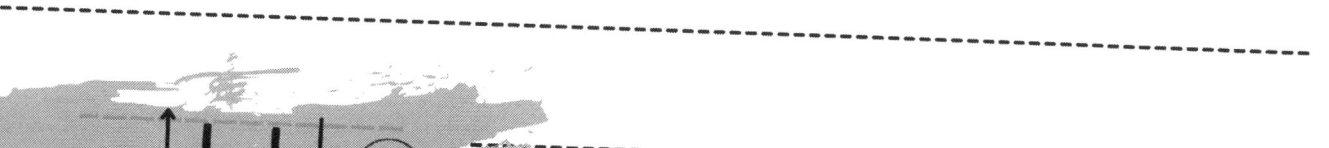

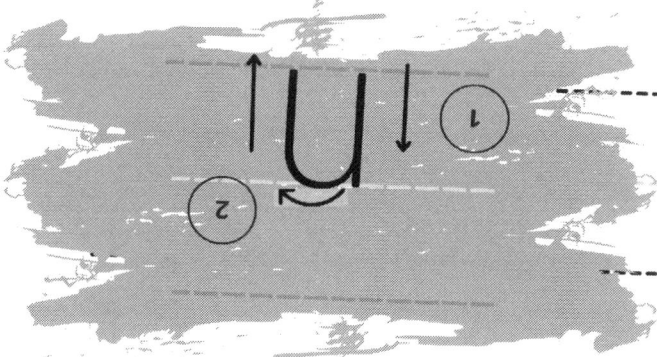

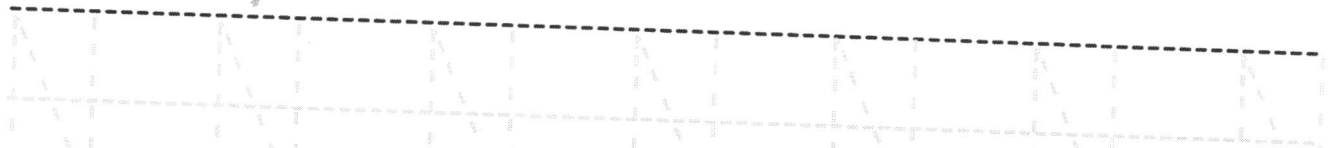

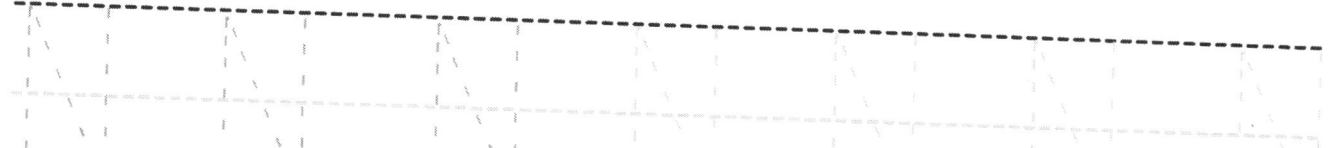

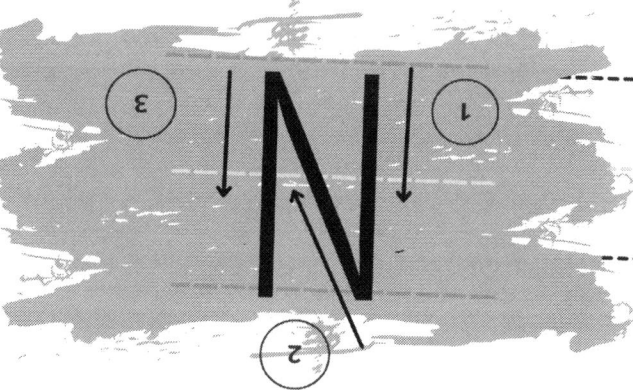

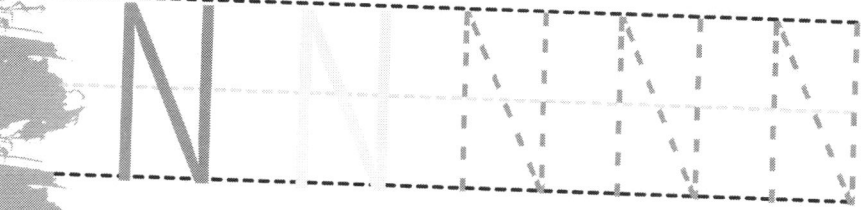

N n

UN

UN

U

U

N

N

O

is for orange

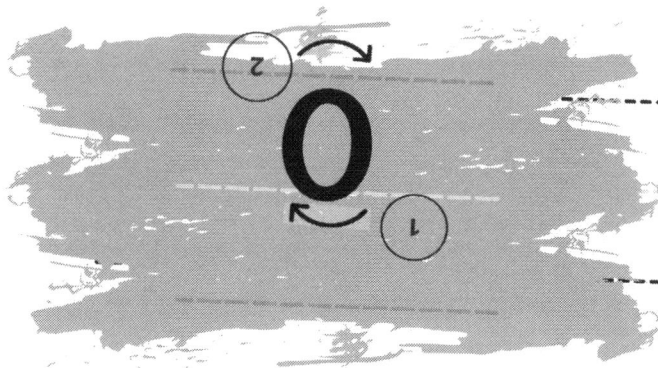
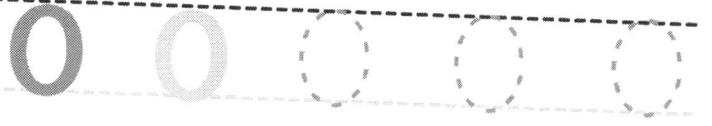

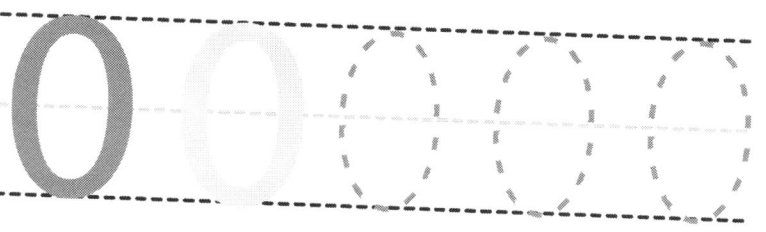

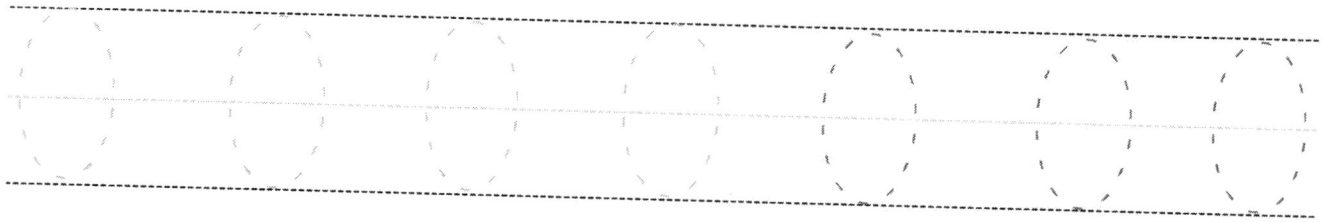

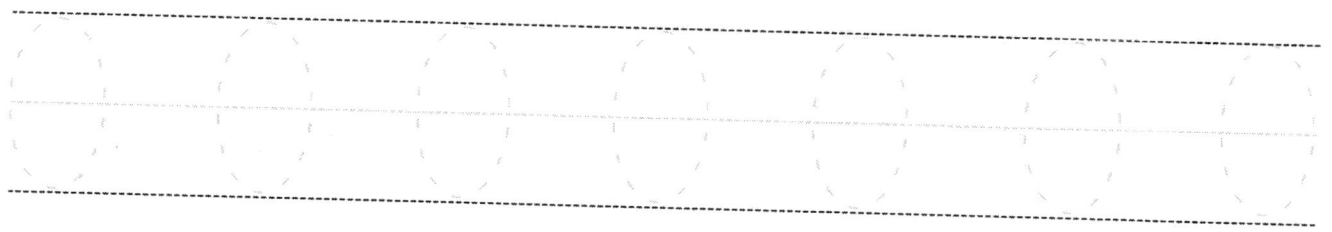

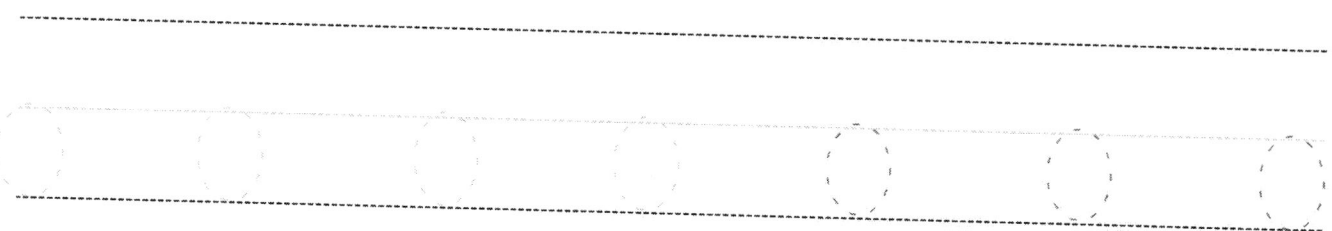

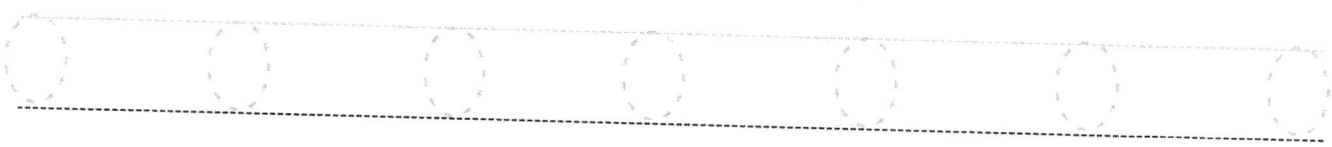

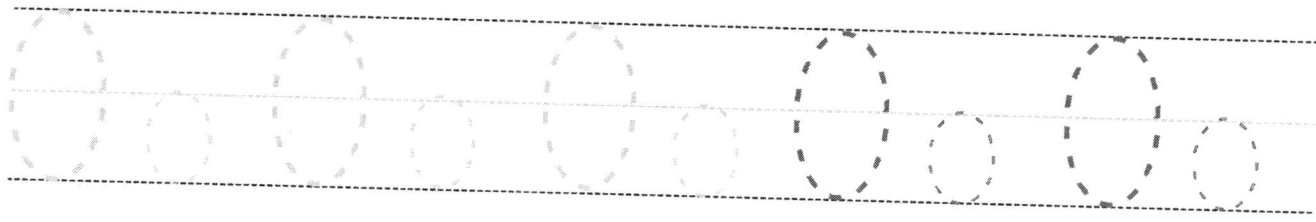

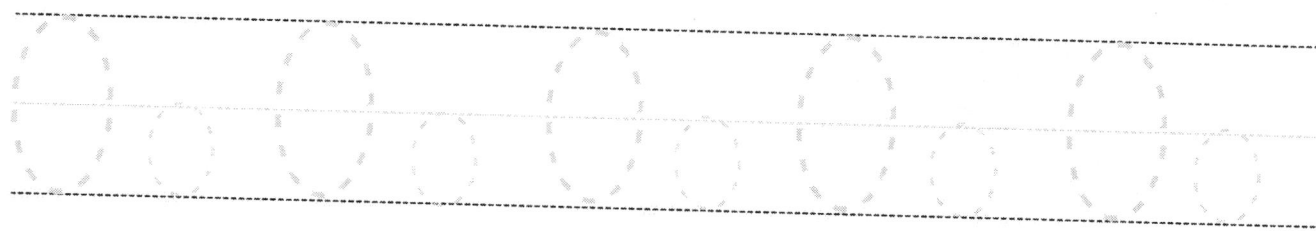

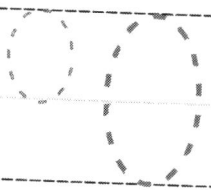

P

is for palm

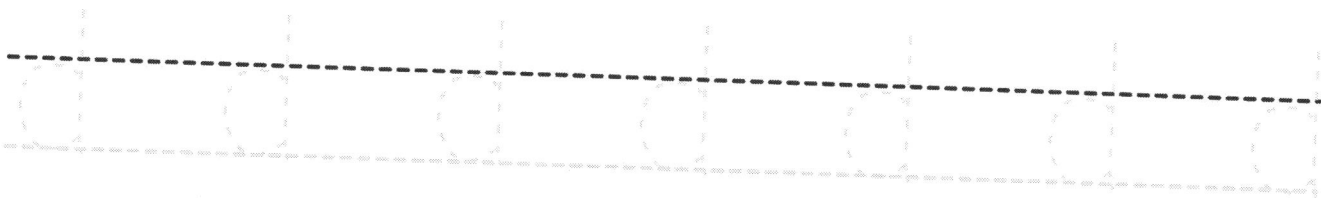

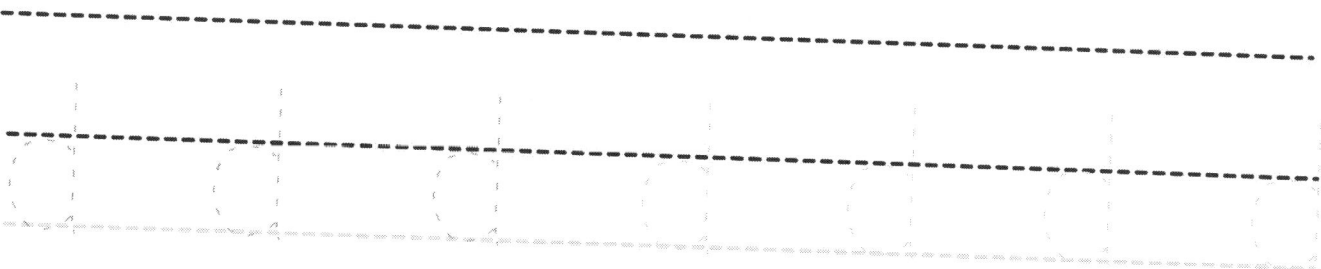

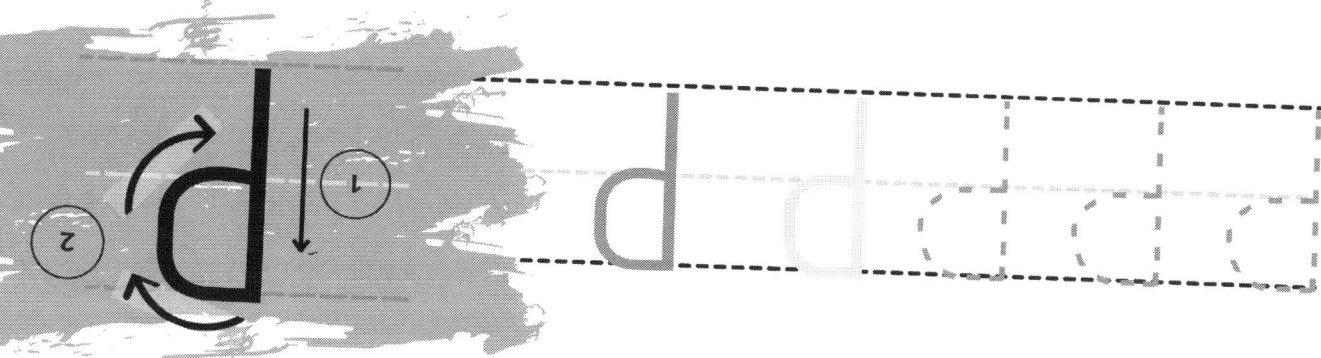

P P P P P P P

P P P P P P P

p p p p p p p

p p p p p p p

Pp Pp Pp Pp Pp

Pp Pp Pp Pp Pp

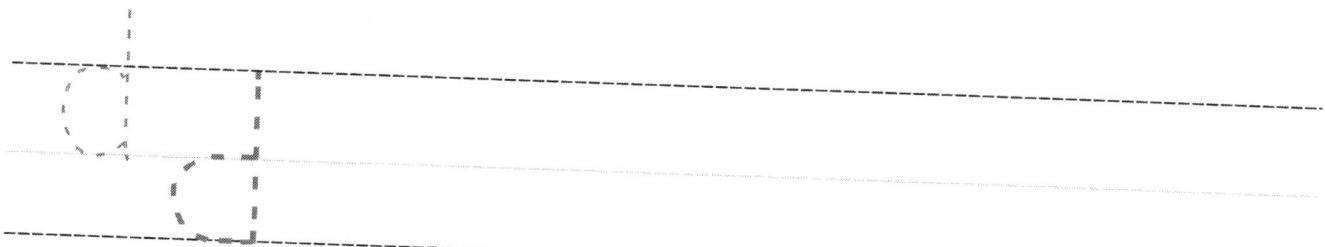

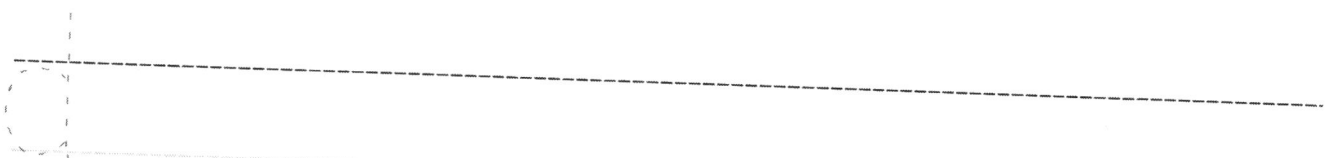

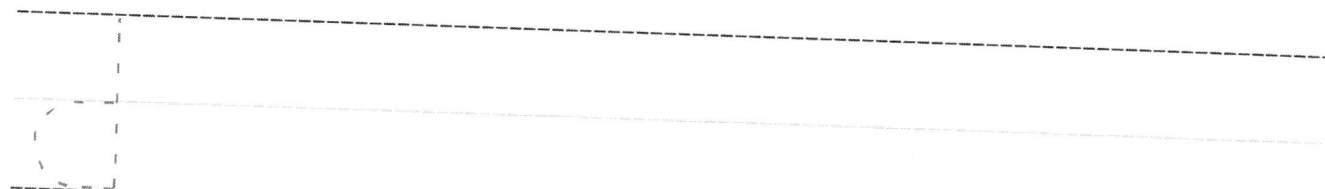

Q

is for queen

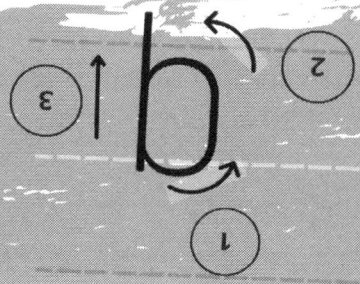

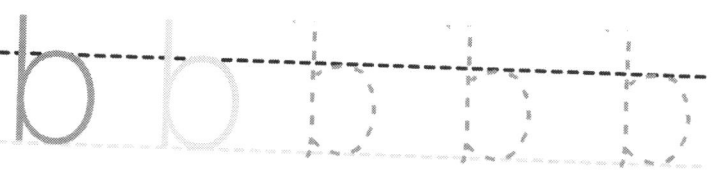

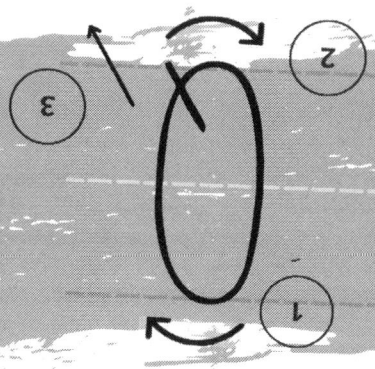

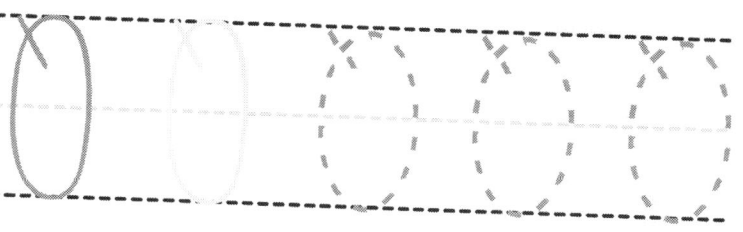

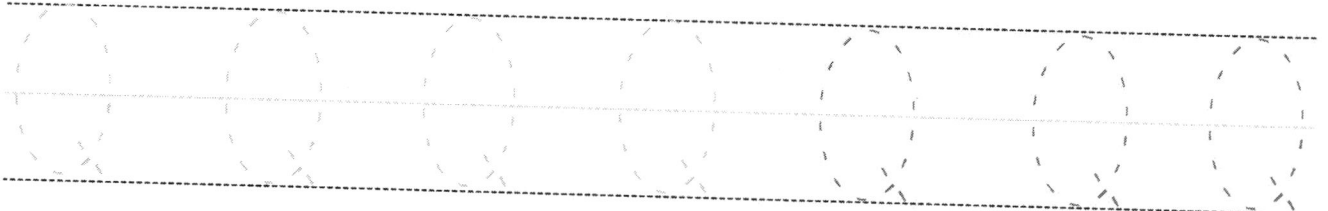

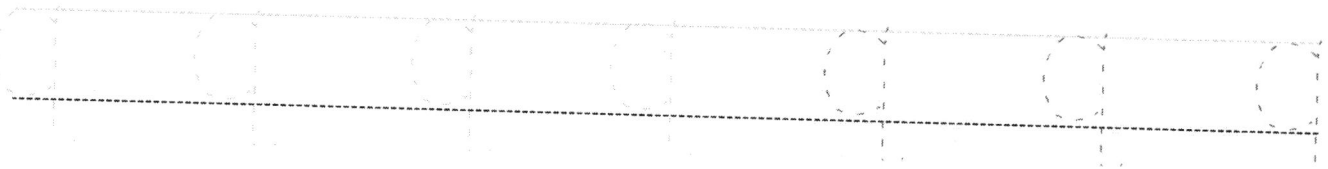

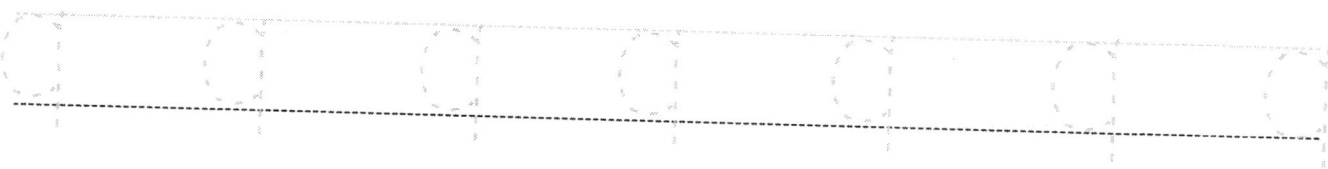

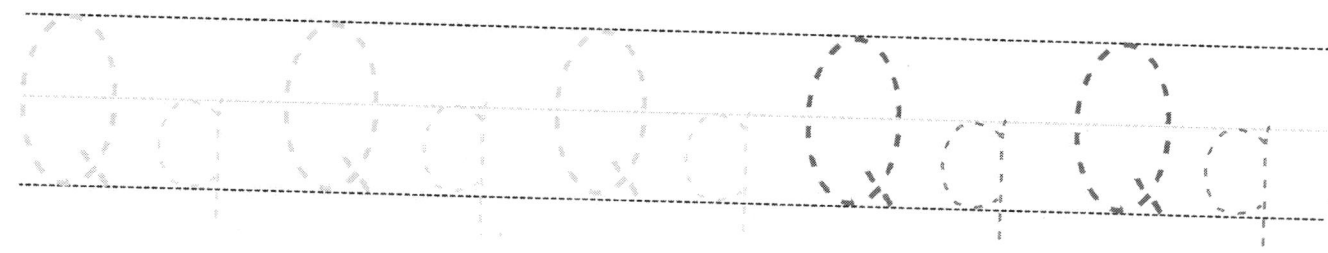

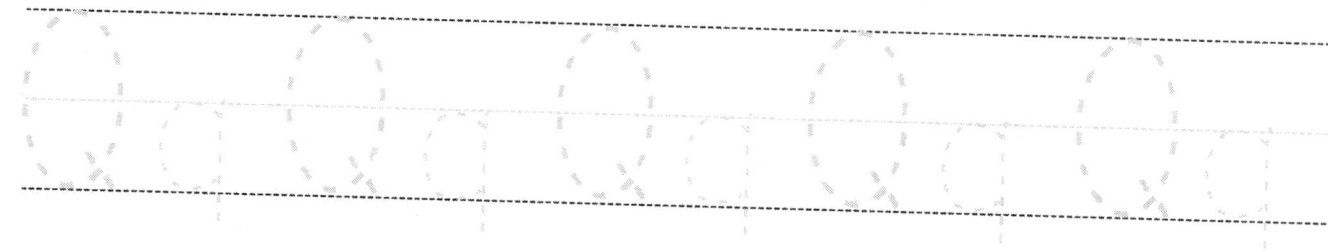

R

is for rabbit

R R R R R R

R

r r r r

r

R r

S

is for rabbit

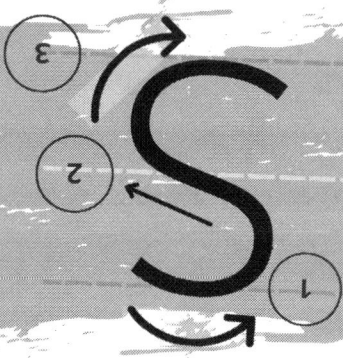

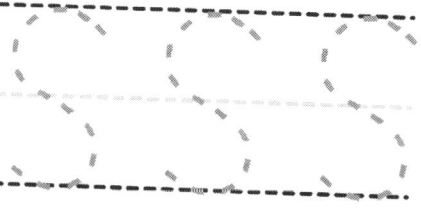

T

is for tea

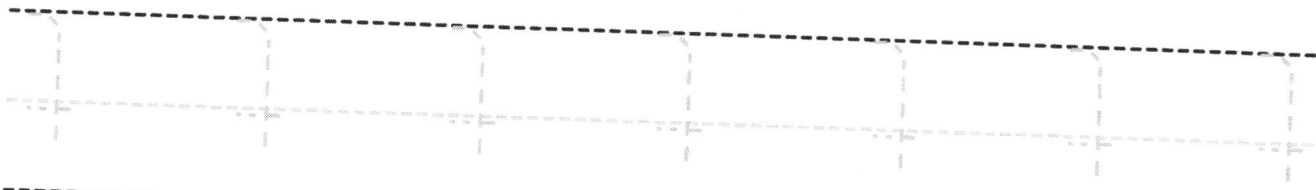

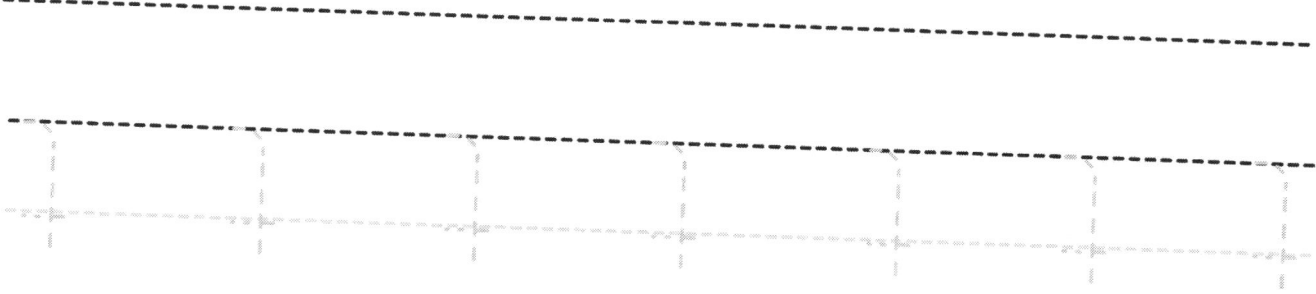

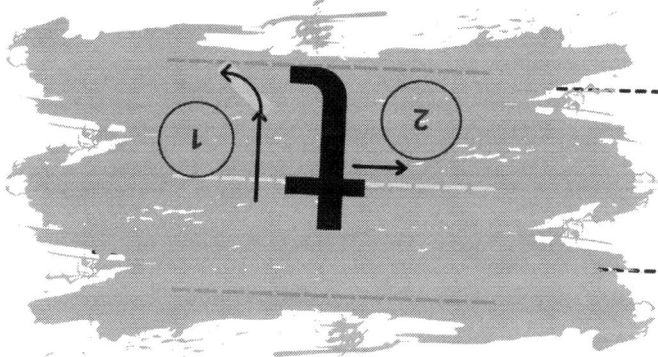

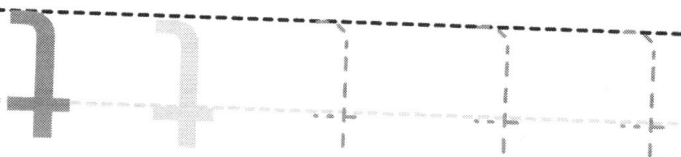

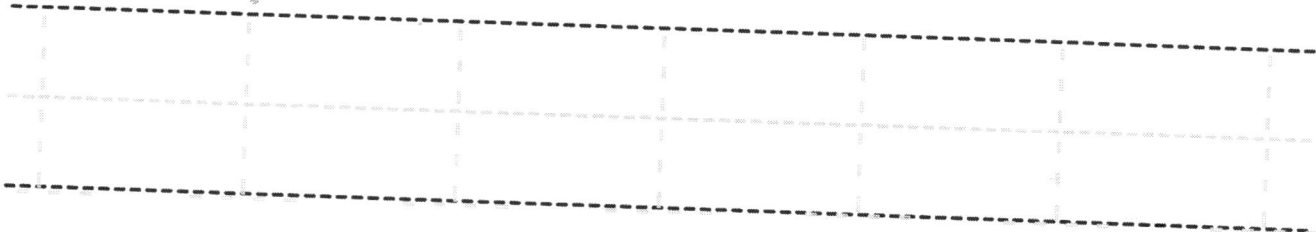

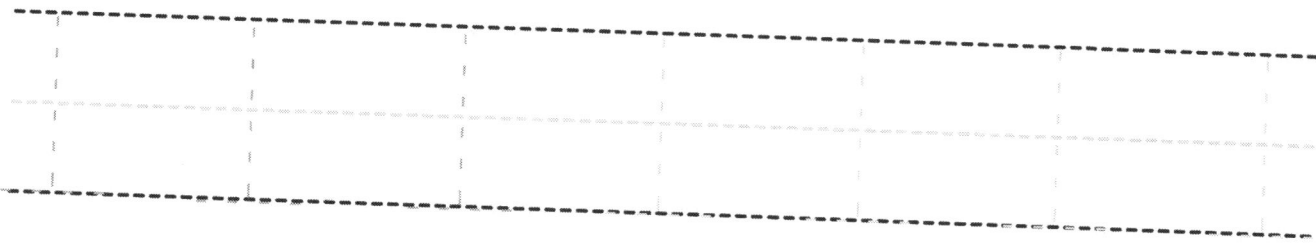

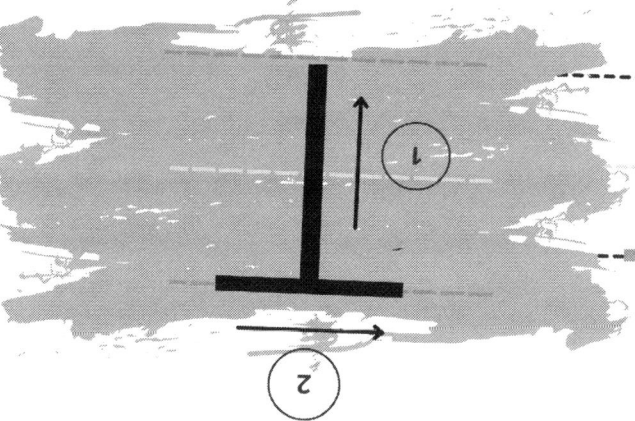

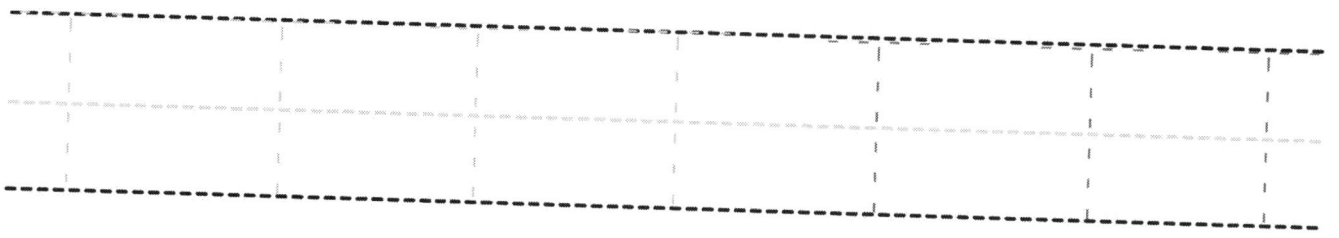

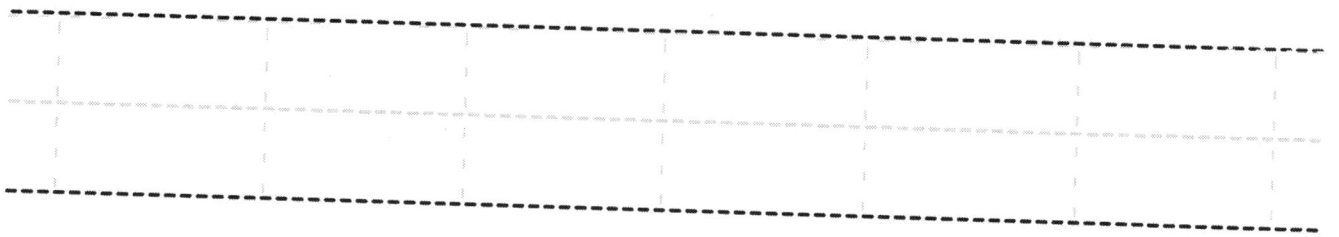

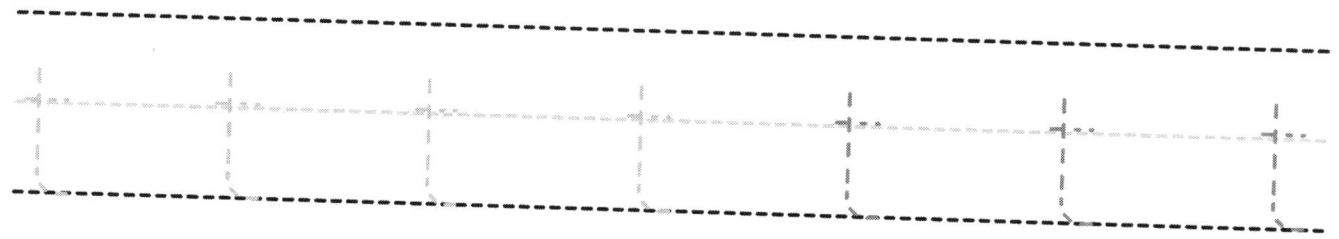

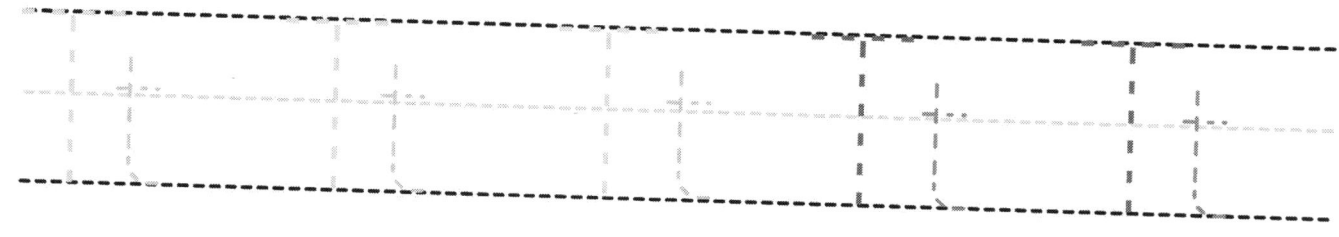

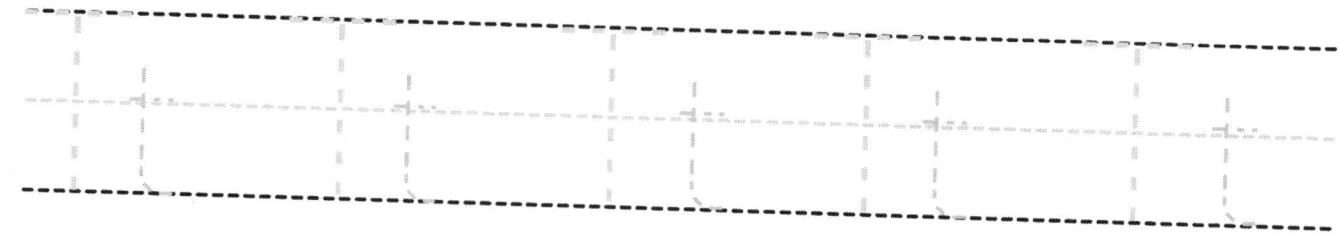

U

is for umbrella

U U U

u u u

U U U U U U U U

U U U U U U U U

U U U U U U Uu Uu Uu

U U U U U U U U

V

is for vegetables

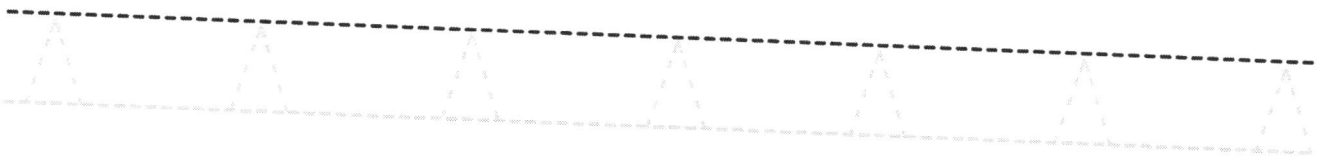

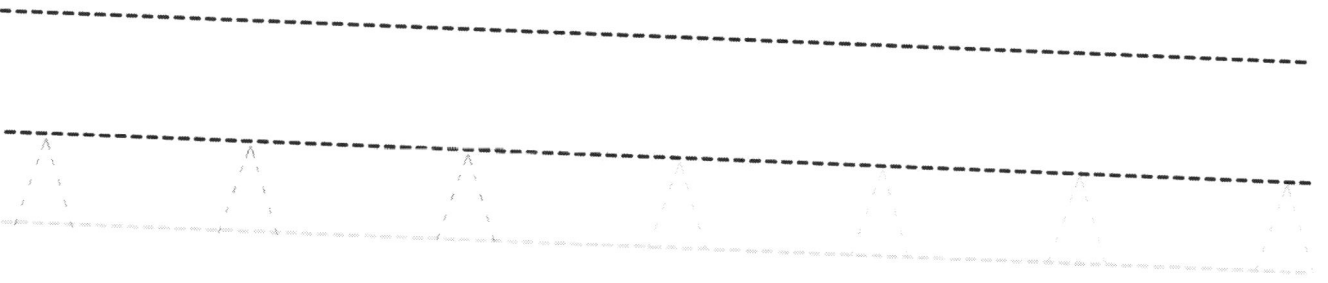

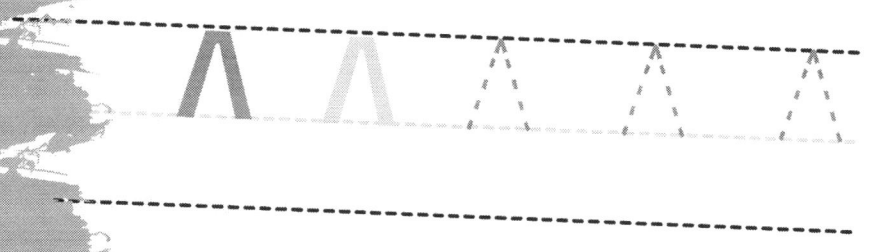

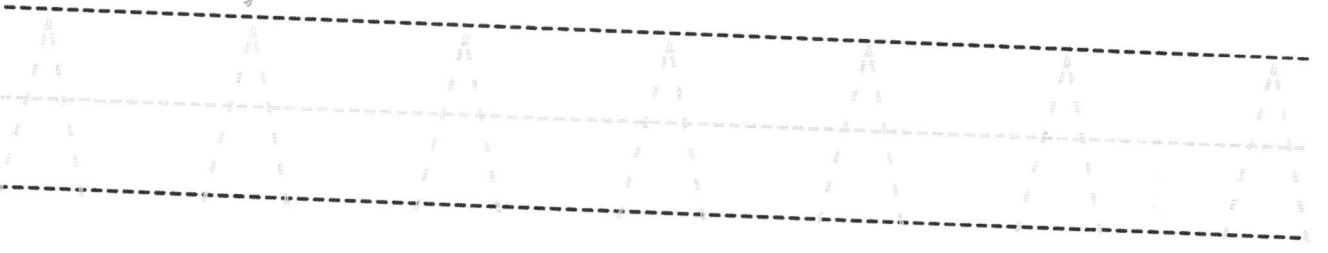

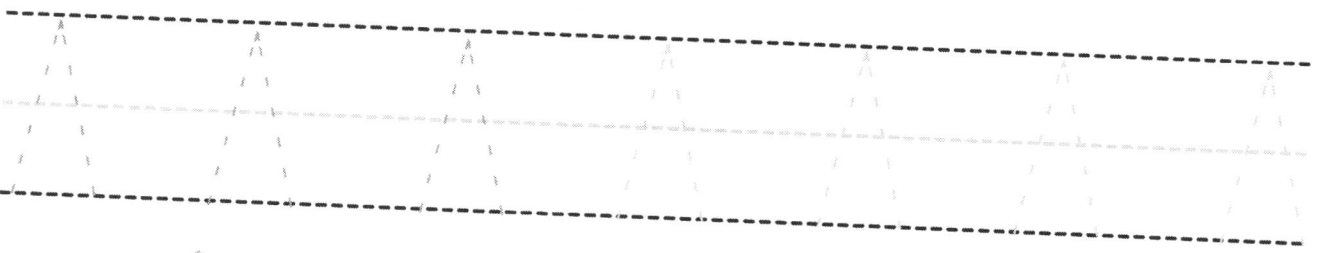

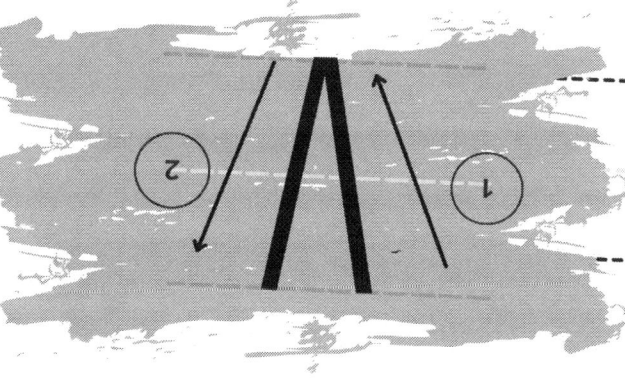

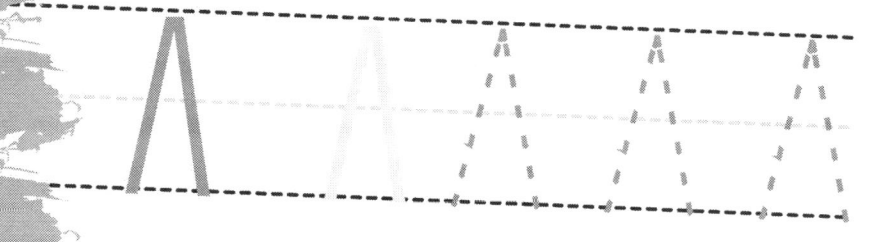

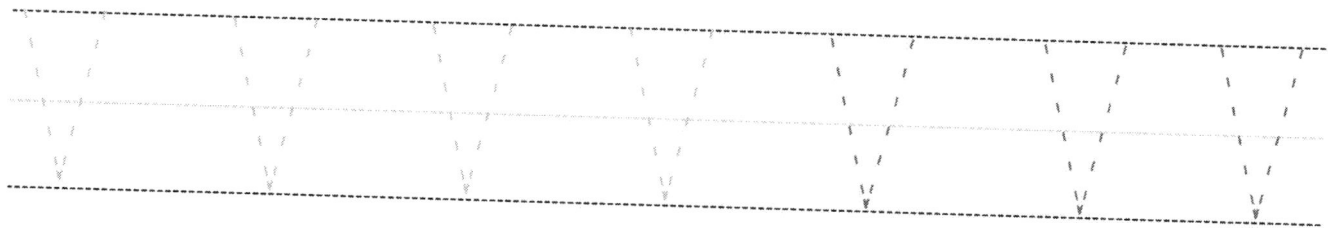

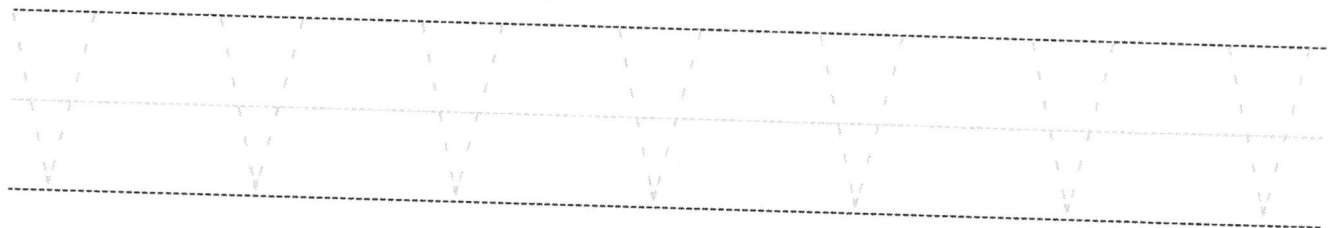

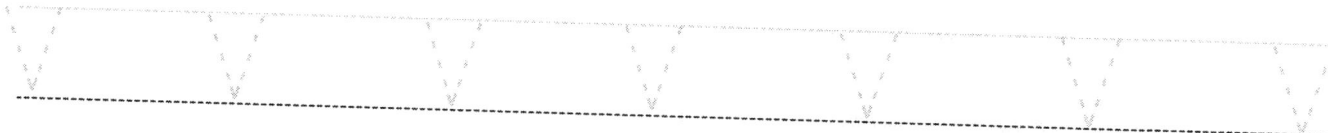

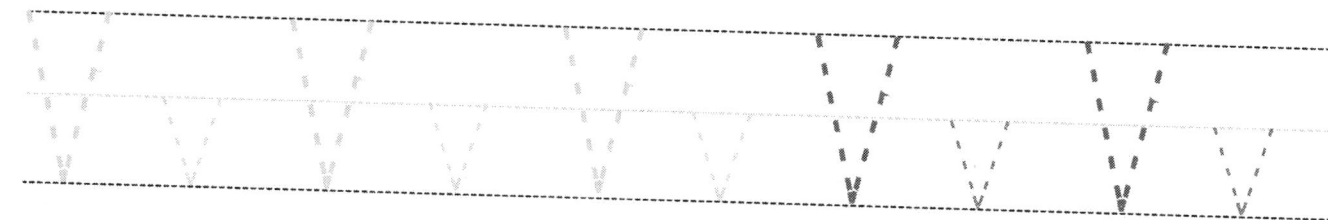

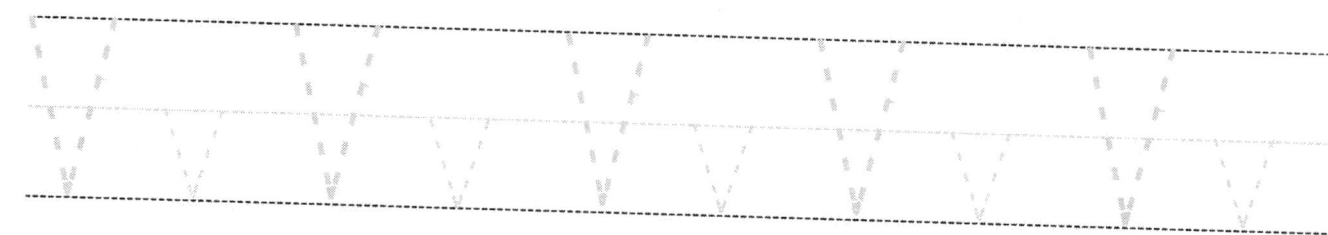

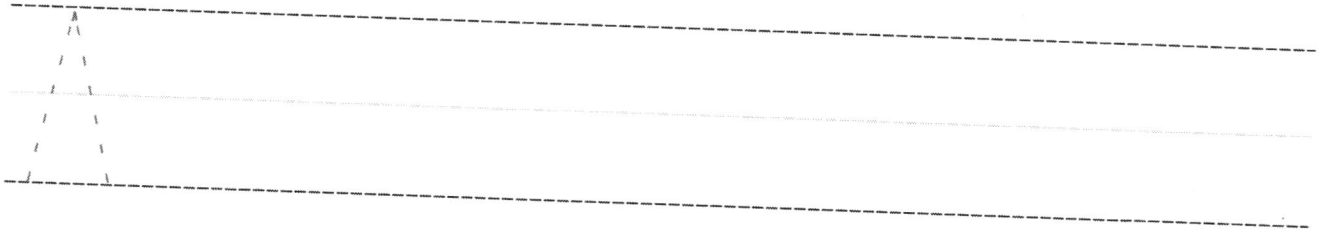

W

is for waiter

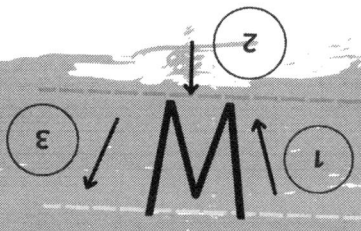

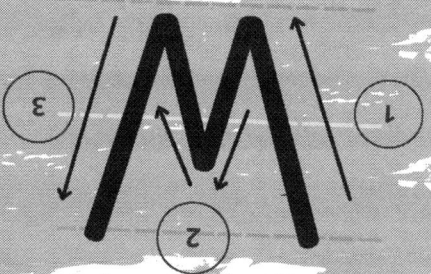

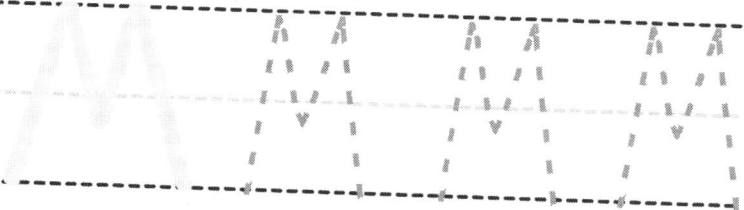

X

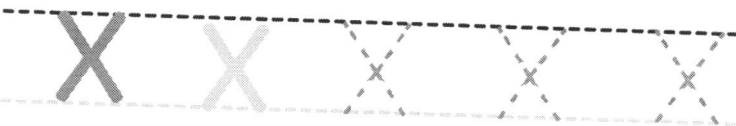

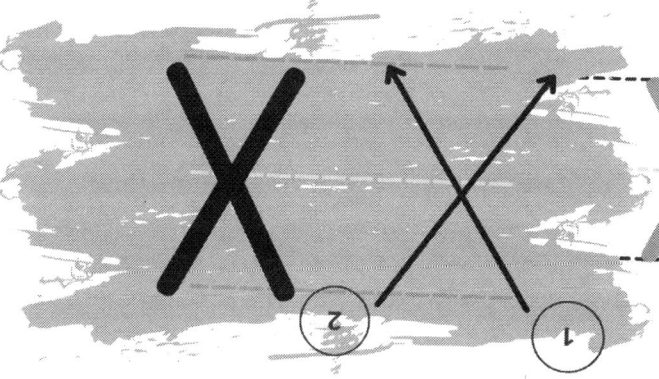
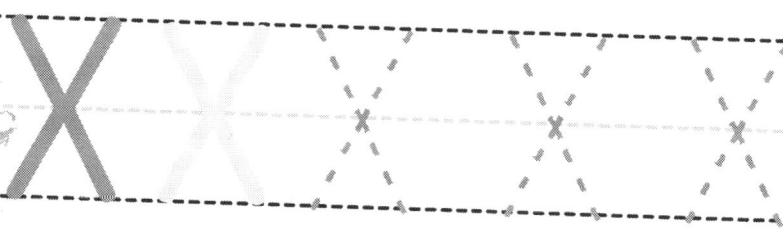

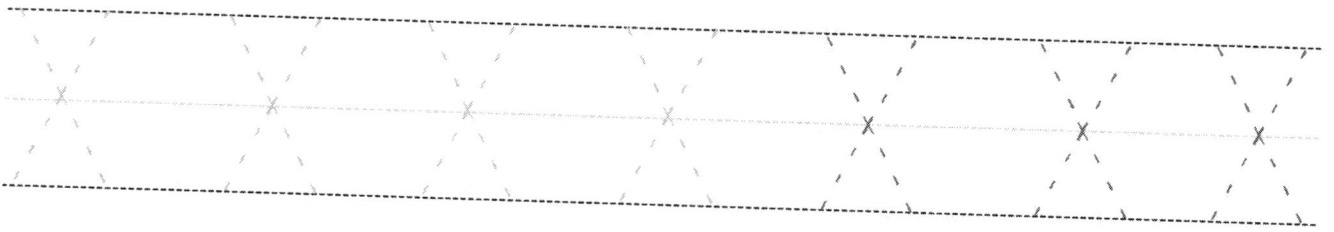

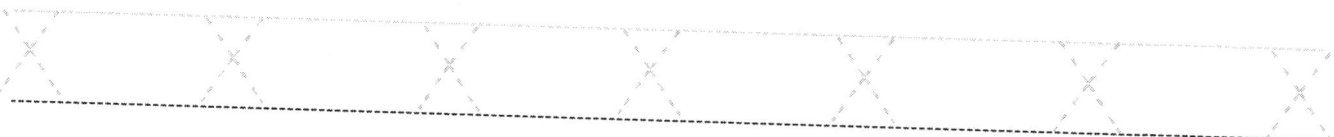

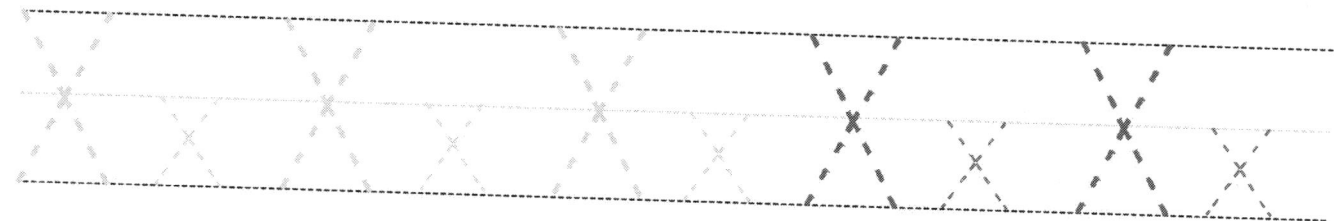

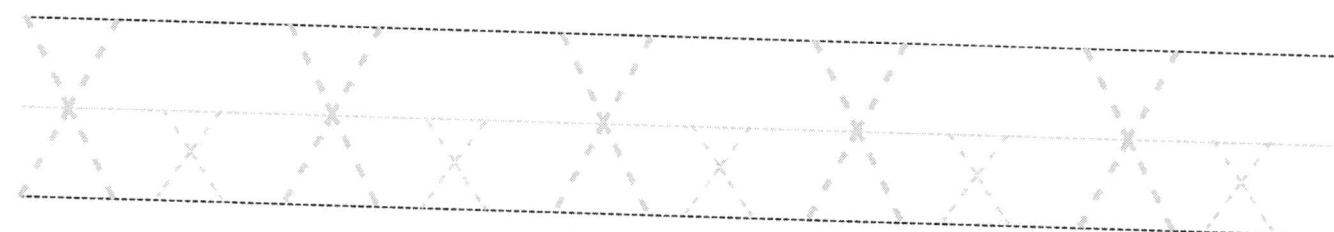

Y

is for yes

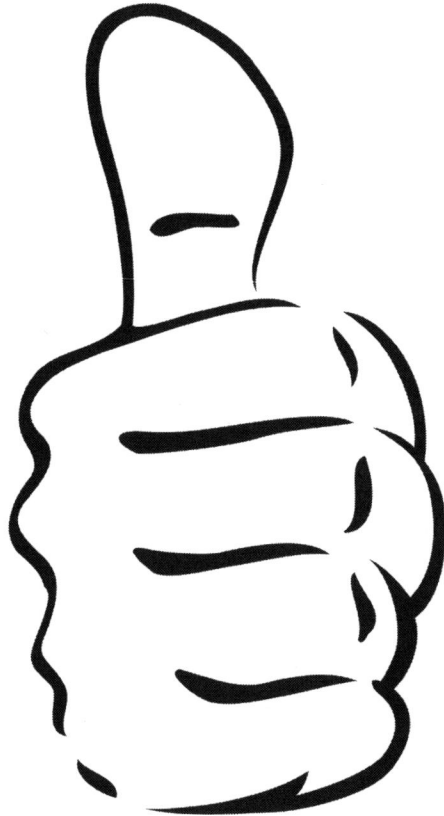

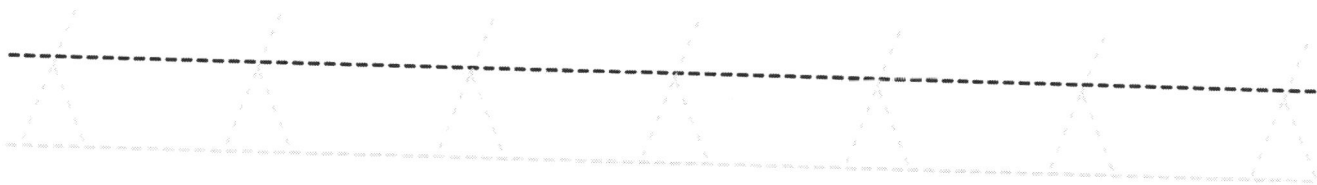

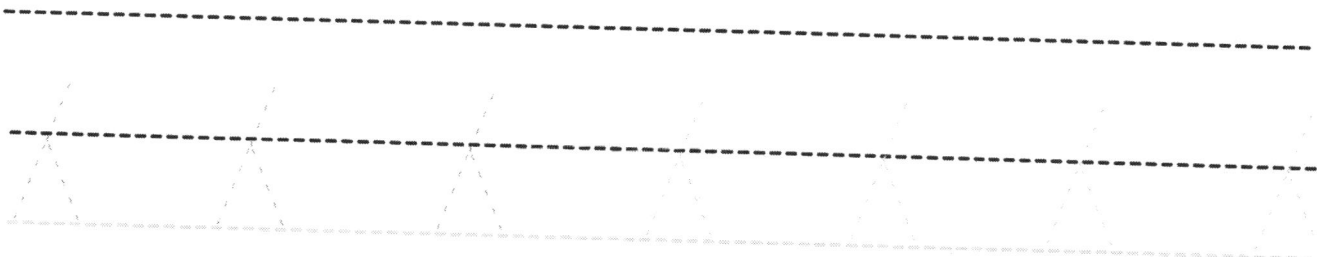

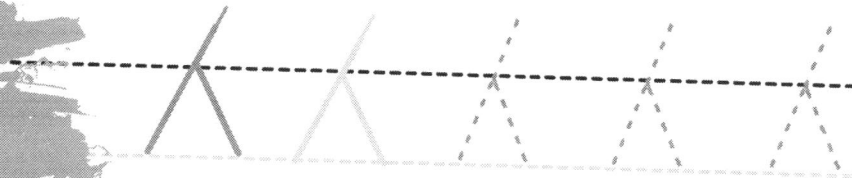

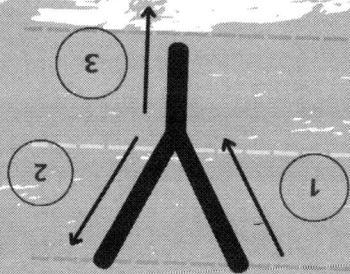

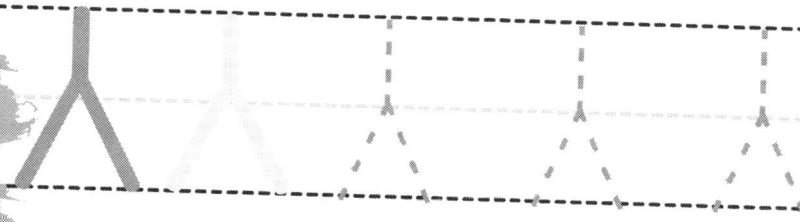

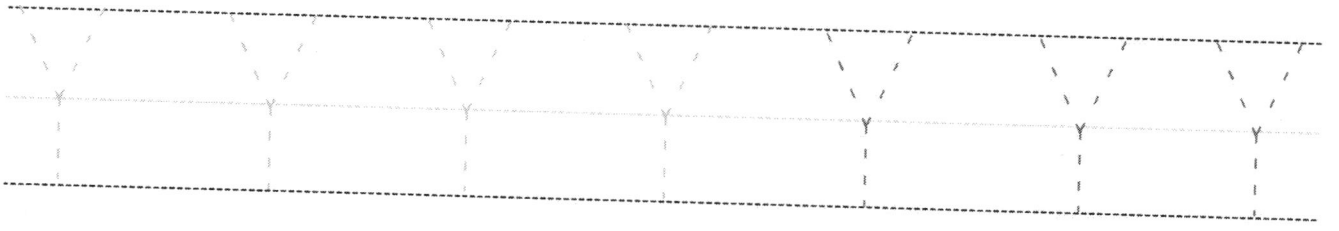

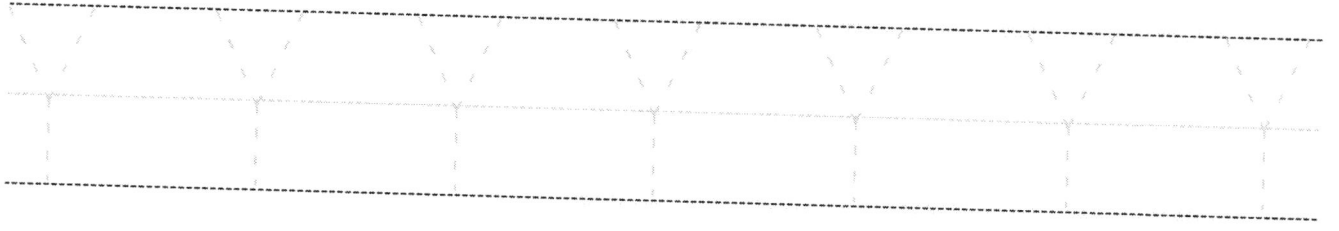

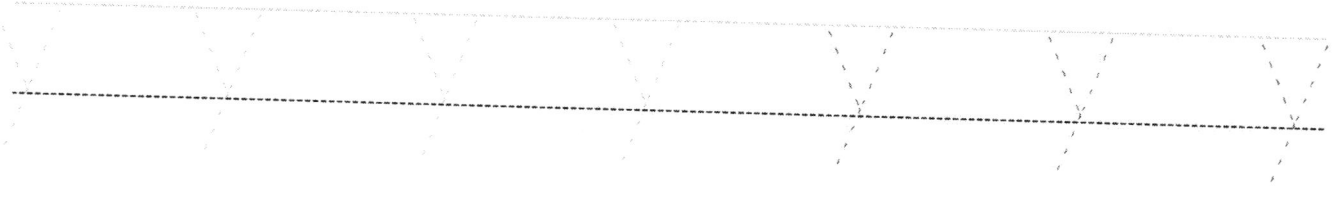

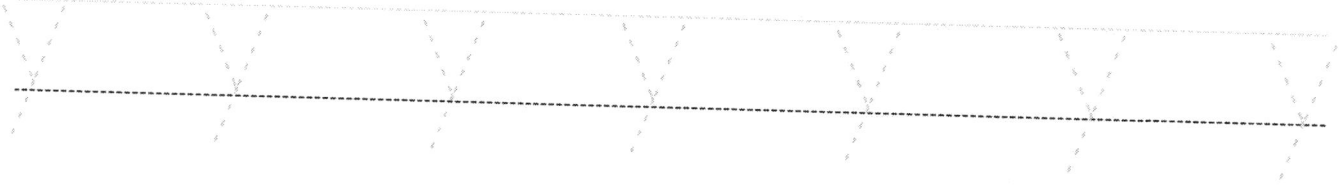

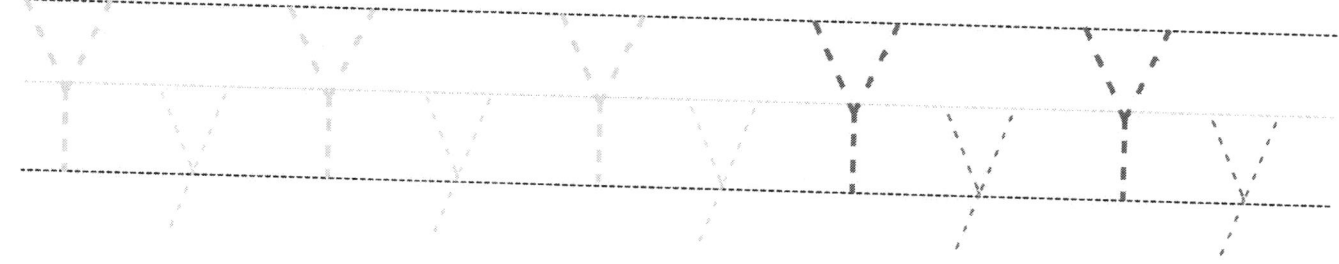

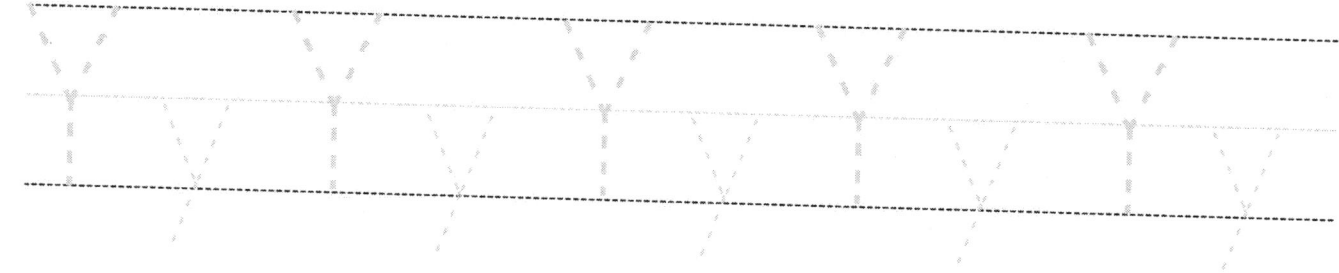

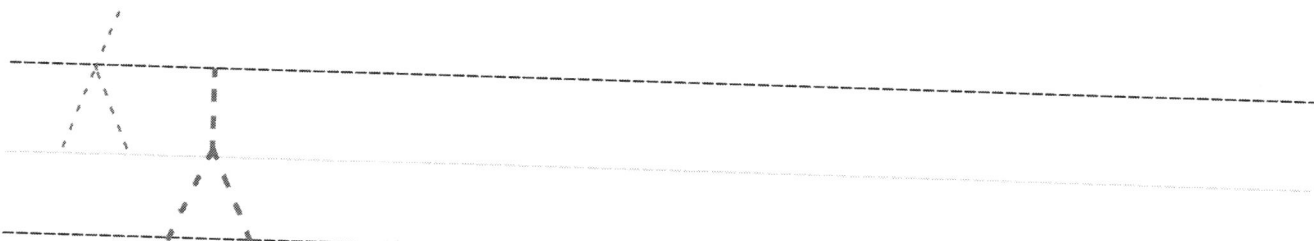

z

is for zoom

Z Z Z Z Z Z

Z

Z Z Z Z Z Z

Z

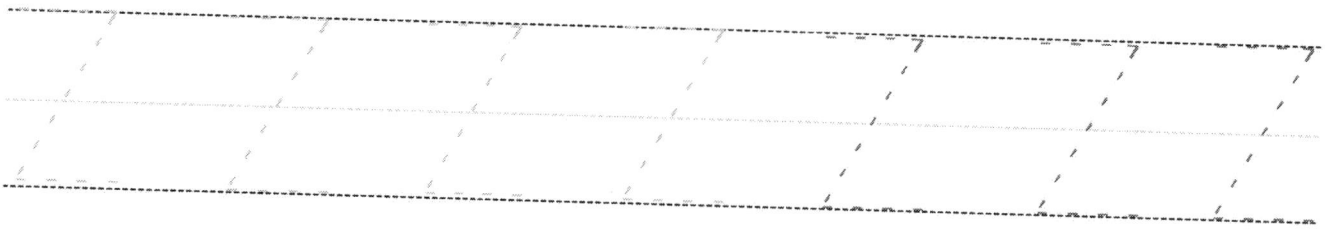

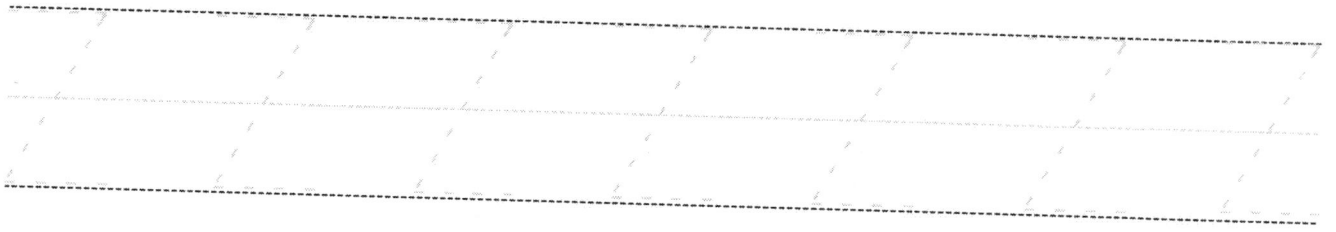

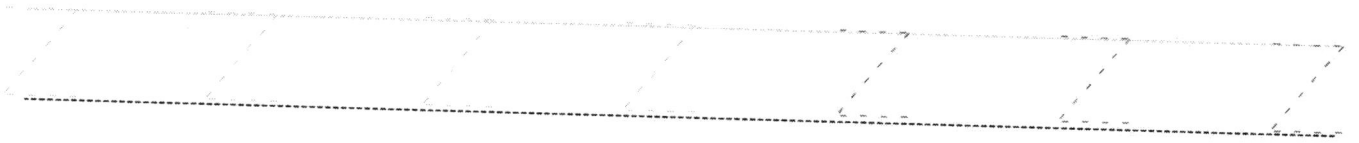

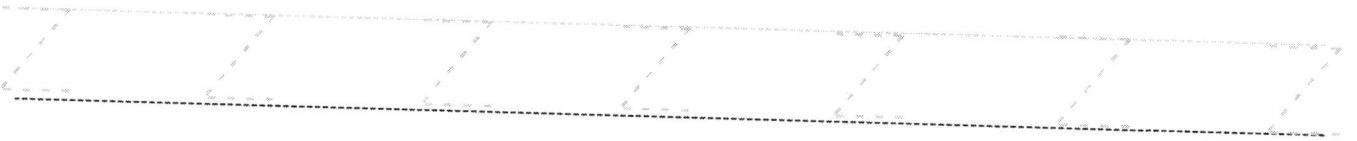

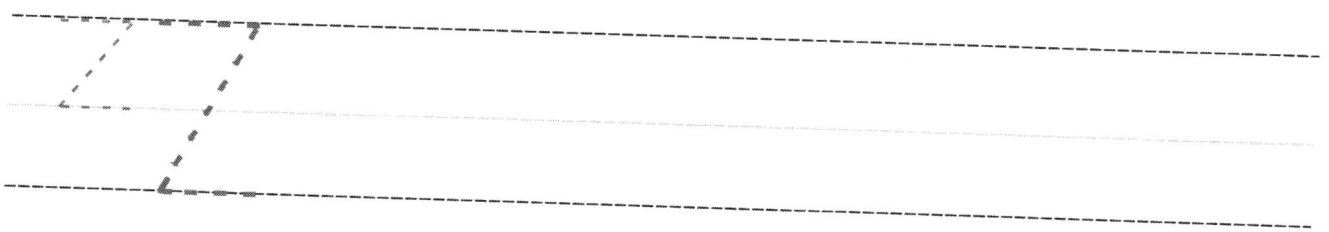

NUMBERS

1

2 2

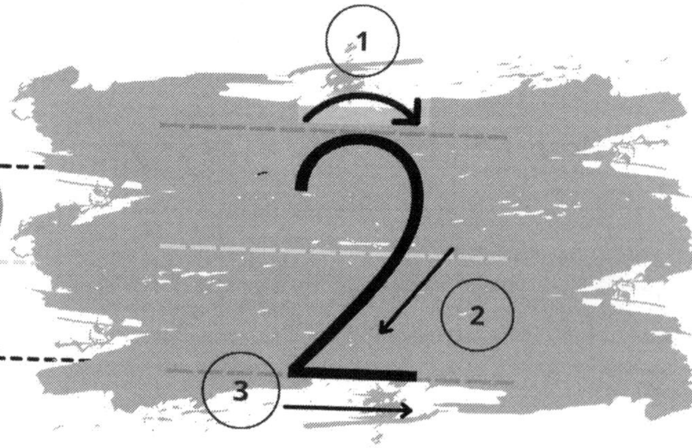

3

4 4 4 4 4

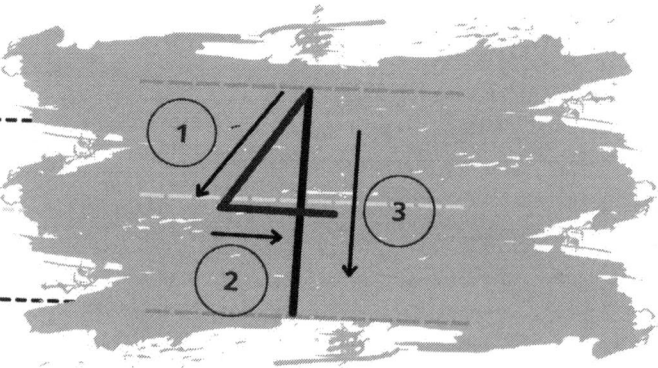

5 5 5 5 5

5

1 5 2 3

6 6 6 6 6

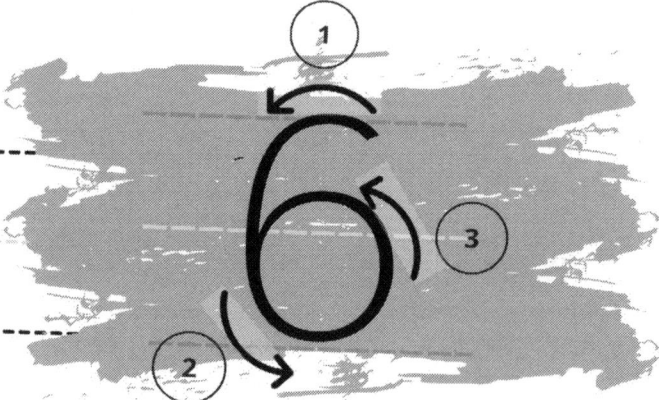

7

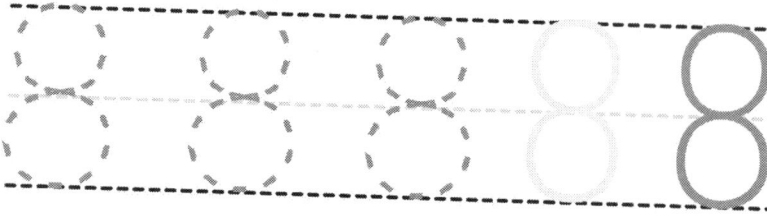
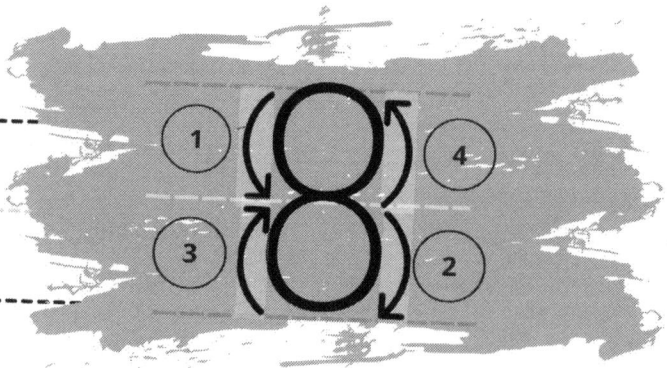

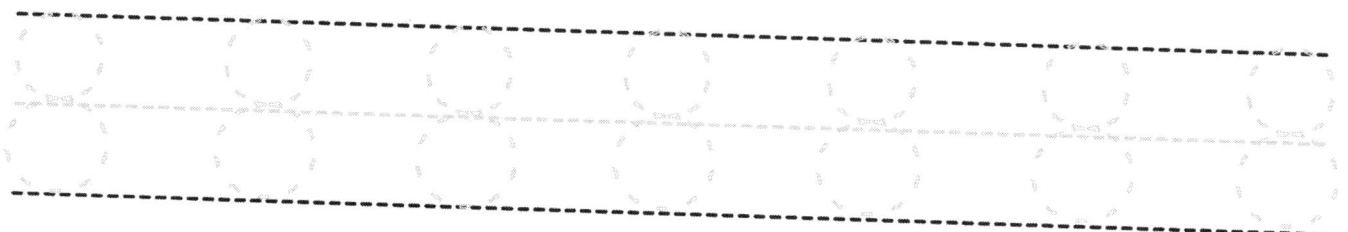

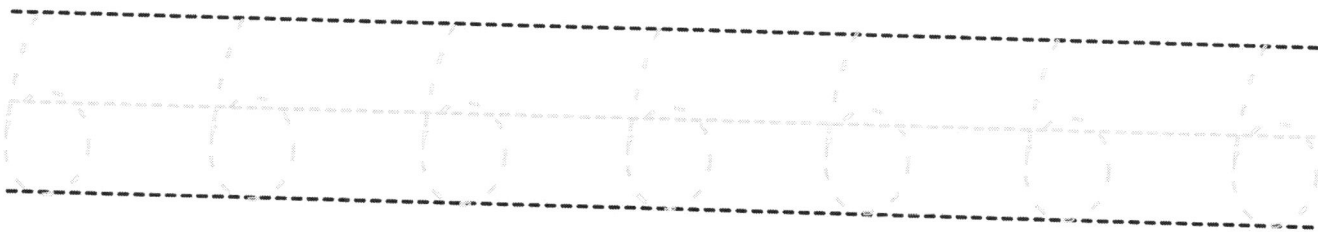

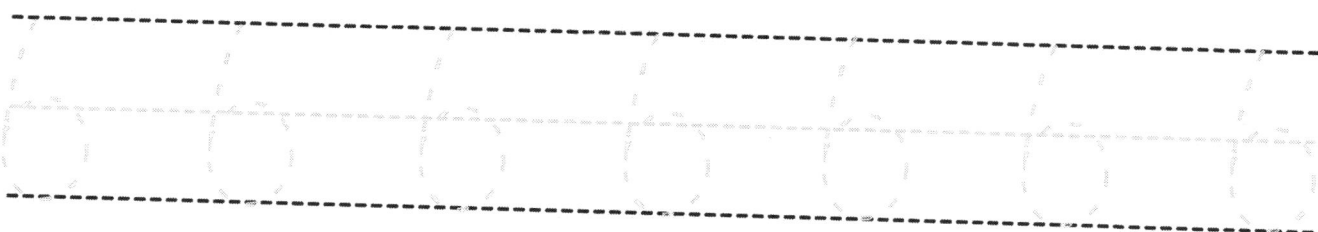

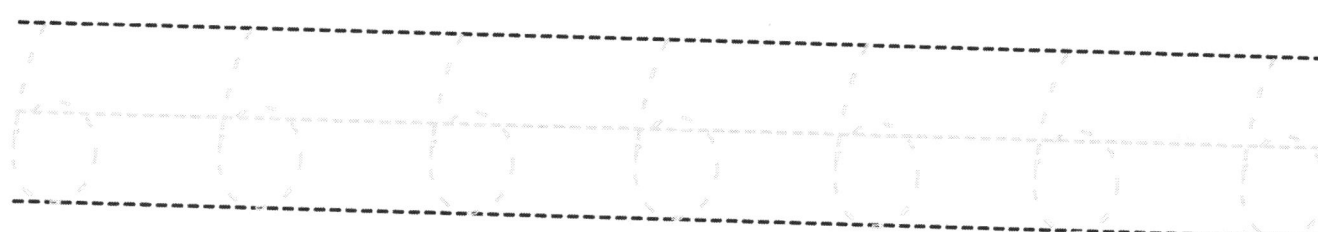

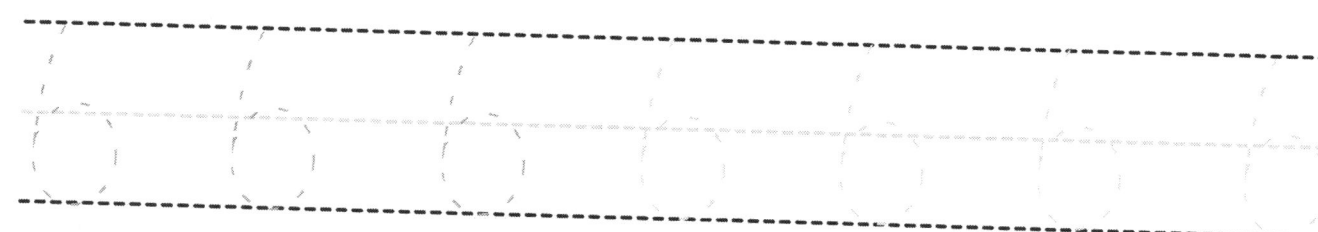

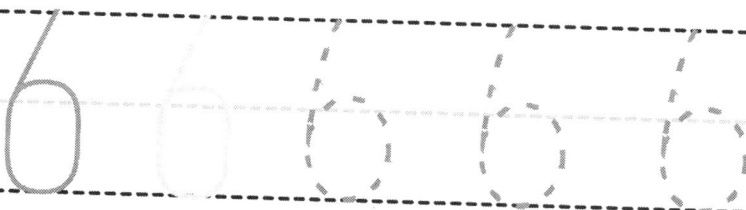

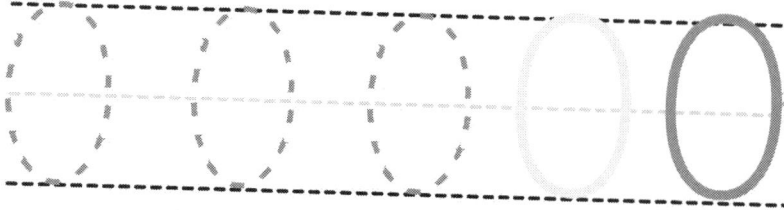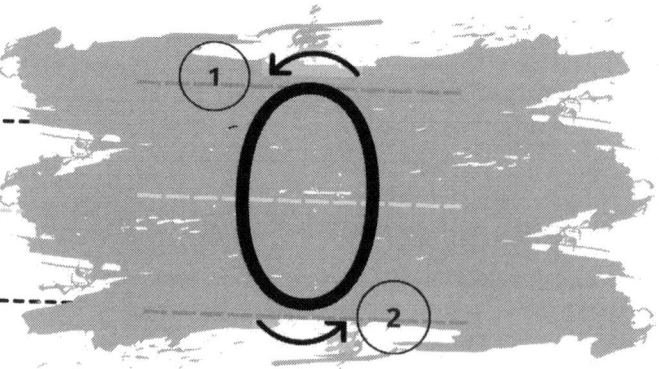

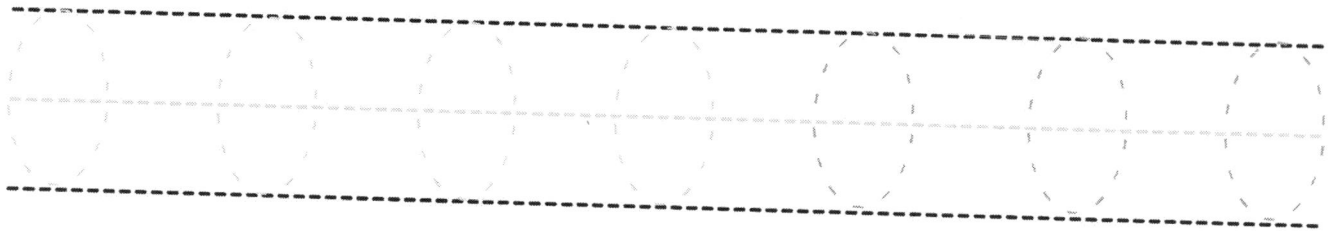

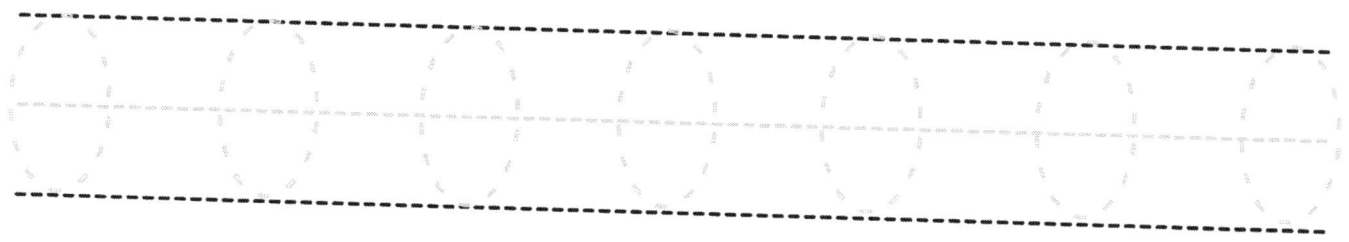

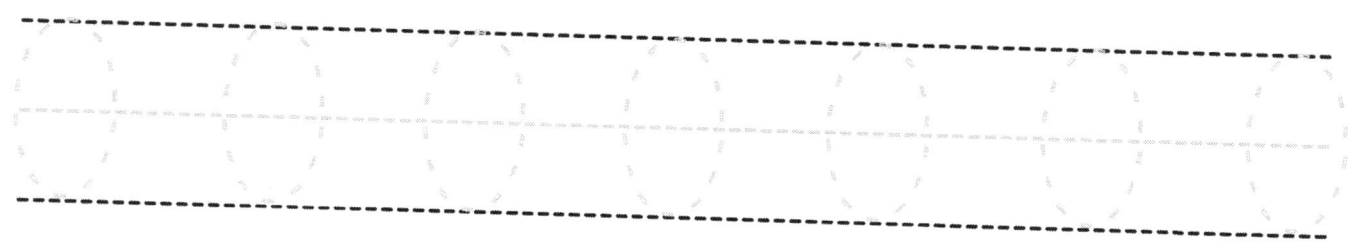

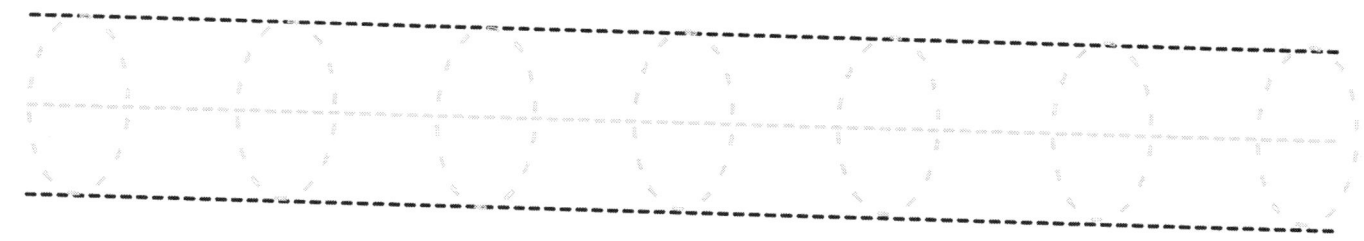

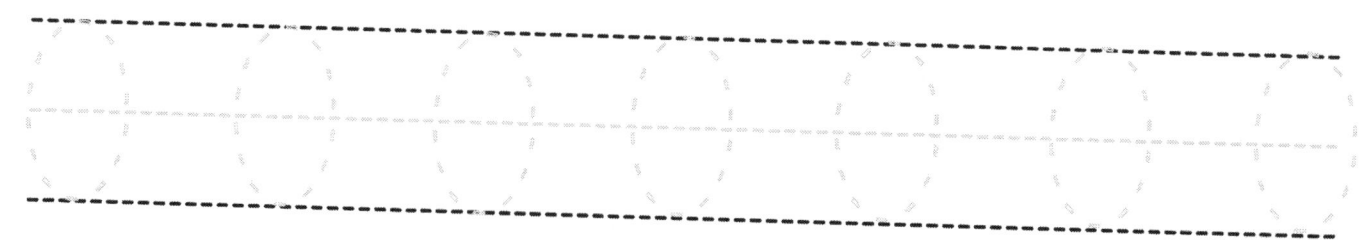

WORDS

bop
bop
bop
bop
bop

cat cat cat cat

cat cat cat cat

cat cat cat cat

cat cat cat cat

cat cat cat cat

cat cat cat cat

apple apple apple

apple apple apple

apple apple apple

apple apple apple

apple apple apple

apple apple apple

mouse mouse **mouse**

mouse mouse mouse

mouse mouse mouse

mouse mouse mouse

mouse mouse mouse

mouse mouse mouse

horse horse horse

horse horse horse

horse horse horse

horse horse horse

horse horse horse

horse horse horse

school school **school**

school school school

school school school

school school school

school school school

school school school

girl girl girl **girl**

girl girl girl girl

girl girl girl girl

girl girl girl girl

girl girl girl girl

girl girl girl girl

boy boy boy boy **boy**

boy boy boy boy boy

boy boy boy boy

boy boy boy boy

boy boy boy boy

boy boy boy boy

NOTES

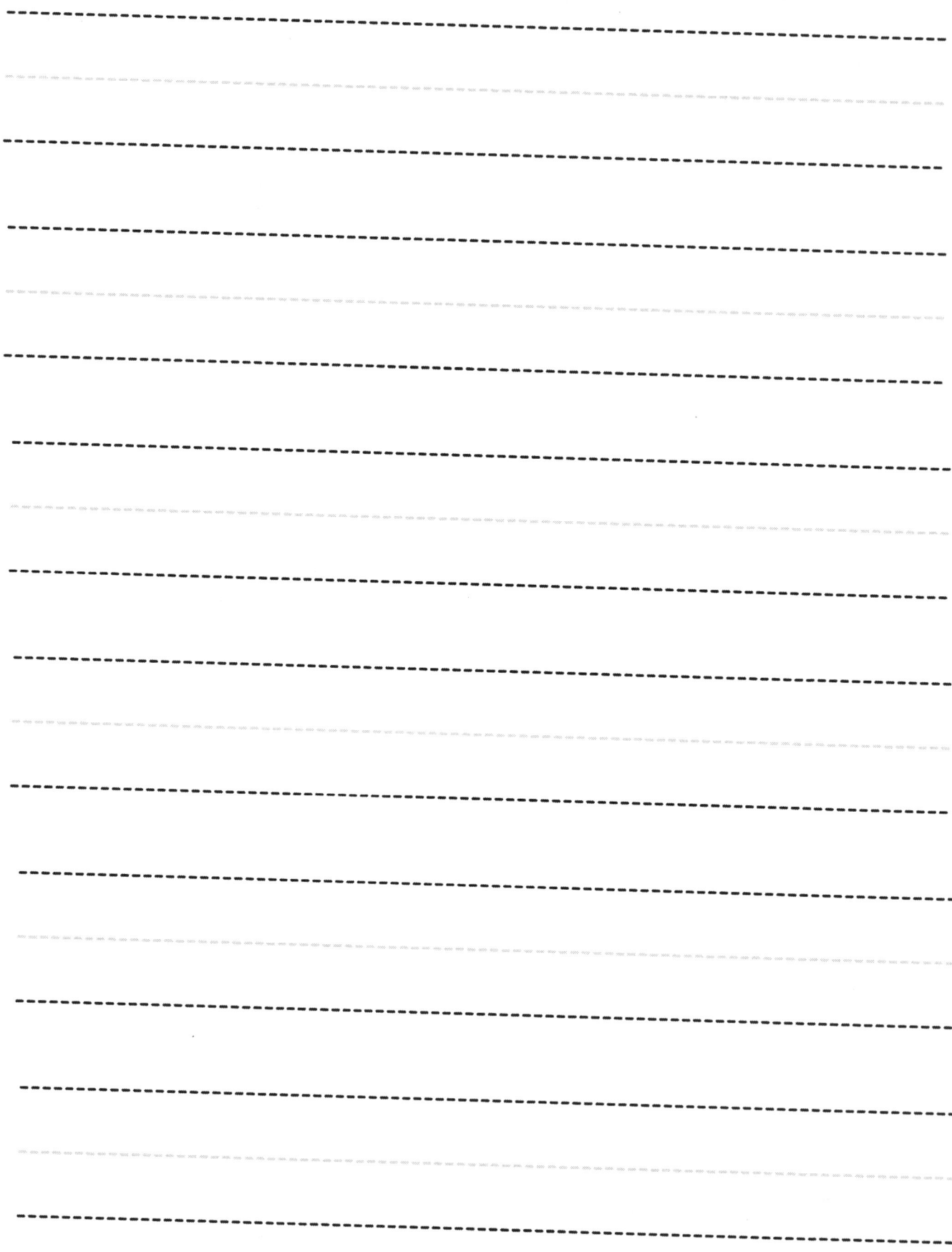

SCAN ME FOR MORE PRODUCTS

Made in the USA
Monee, IL
07 July 2025